北大版新HSK应试辅导丛书

- 听力材料
- 答案
- 题解

Papers with Solutions

SAMPLE TEST FOR 走进
NEW HSK
II 新 汉语水平考试
全真模拟试题及题解

刘 影　夏小芸　沈灿淑　王建强　编著

目 录

HSK（五级）全真模拟试题（第6套）听力材料 ………………………………… 1

HSK（五级）全真模拟试题（第7套）听力材料 ………………………………… 9

HSK（五级）全真模拟试题（第8套）听力材料 ………………………………… 17

HSK（五级）全真模拟试题（第9套）听力材料 ………………………………… 25

HSK（五级）全真模拟试题（第10套）听力材料 ………………………………… 33

HSK（五级）全真模拟试题（第6套）答案 ………………………………… 41

HSK（五级）全真模拟试题（第7套）答案 ………………………………… 43

HSK（五级）全真模拟试题（第8套）答案 ………………………………… 45

HSK（五级）全真模拟试题（第9套）答案 ………………………………… 47

HSK（五级）全真模拟试题（第10套）答案 ………………………………… 49

HSK（五级）全真模拟试题（第6套）题解 ………………………………… 51

HSK（五级）全真模拟试题（第7套）题解 ………………………………… 66

HSK（五级）全真模拟试题（第8套）题解 ………………………………… 81

HSK（五级）全真模拟试题（第9套）题解 ………………………………… 96

HSK（五级）全真模拟试题（第10套）题解 ………………………………… 111

HSK（五级）全真模拟试题（第6套）听力材料

（音乐，30秒，渐弱）

大家好！欢迎参加HSK（五级）考试。
大家好！欢迎参加HSK（五级）考试。
大家好！欢迎参加HSK（五级）考试。

HSK（五级）听力考试分两部分，共45题。
请大家注意，听力考试现在开始。

第 一 部 分

第1到20题，请选出正确答案。现在开始第1题：

1. 女：这个价格很便宜啊，门票、宾馆、交通、导游都包含在里面了。
   男：可吃饭不包啊，还有宾馆的标准也相对低了一点儿。
   问：这个旅游计划怎么样？

2. 男：劳驾，我的票是18号，您是不是坐错了？
   女：不会吧？我看看你的票。啊，您是东区18号，我们区号不一样。
   问：男的在找什么？

3. 女：领带要系好，第一天教书，一定要给学生们留下一个好印象。
   男：妈，放心吧，我早就准备好了，看您，比让我去约会那会儿还操心。
   问：男的准备做什么？

4. 男：早上我看见你，跟你打招呼，可是你好像没看见我一样。
   女：不好意思，我眼镜坏了，没戴眼镜，看不清楚。
   问：女的为什么没跟男的打招呼？

5. 女：老马，刚才飘了几滴雨，你赶快把晒在外面的被子收进来。
   男：你放心吧，刚才一打雷我就把被子收进来了。
   问：关于男的，我们知道什么？

6. 男：是不是肩膀又酸了？给，喝点儿茶，歇会儿吧，身体最重要。
   女：唉，你别光说我，你自己还不是一工作起来就停不下来了！
   问：男的对女的什么态度？

7. 女：爸爸，老师说今天要准备好胶水、剪刀、水彩笔，明天要做明信片。
   男：家里没胶水了，我去超市给你买吧。
   问：女儿明天要做什么？

8. 男：你们家的客厅真大，可以开舞会了！
   女：我买的时候倒没觉得，当时只是觉得卫生间比较大，书房和卧室外面的风景比较好。
   问：关于女的家，下列哪项正确？

9. 女：你好，我买的是往返机票，现在我要推迟几天回去，该怎么办？
   男：您的机票是可以改日期的，但需要交一定的费用。
   问：男的是什么意思？

10. 男：糟糕，我忘带乘车卡了，你有零钱吗？
    女：没有，自动售票机也接受五元和十元的整钱，你就让它找吧。
    问：他们最可能在哪儿？

11. 女：请大家到这边来看，这件是明朝皇后穿过的衣服，十分精美。
    男：真是太美了，可惜不能拍照！
    问：女的最可能是做什么的？

12. 男：这些梨怎么都烂了？找不到几个好的。
    女：我们农家乐的活动已经举办了一个月了，好的都被摘走了，而且这几天天气突然转冷，大部分被冻坏了。
    问：根据对话，可以知道什么？

13. 女：你的电话怎么一直在占线啊？家里有急事也联系不上你。
    男：别生气呀，刚才是老同学从国外给我打的电话，他还问候你呢。
    问：他们可能是什么关系？

14. 男：其实我吃得挺多，就是好像不吸收，怎么也胖不起来。
    女：真让人羡慕，我连喝水都能长胖，怎么也苗条不了。
    问：关于女的，可以知道什么？

15. 女：爸，带些简单的生活必需品就够了。我是去上大学，又不是去开商店。
    男：你第一次单独到外地去，人生地不熟的，多帮你准备些东西，需要的时候就方便了。
    问：女儿要去外地做什么？

16. 男：你不用这个新鼠标啊？昨天才买的。
    女：这新的用起来一点儿也不灵活，我猜可能是哪个零件有问题，可我还没时间去换。
    问：女的鼠标怎么样？

17. 女：别慌张，再找找，你放相机的包里找过没有？
    男：我不可能把登机牌放在那里吧。我看看。啊！幸亏你提醒我。
    问：男的是什么意思？

18. 男：我知道你最爱吃巧克力，所以特意买了花生巧克力给你尝尝。
    女：你想得真周到，不过，我对花生有点儿过敏。
    问：关于男的，我们知道什么？

19. 女：我在网上买了东西，怎么不能付款呢？
    男：你的银行卡还没开通网上支付的功能呢，如果你想在网上买东西，现在只能是货到付款。
    问：女的该怎么付款？

20. 男：你的专业知识和能力都不错，可惜你没有工作经验。
    女：经理，经验也是慢慢积累的，如果你们给我机会，我保证努力工作，发挥自己最大的能力。
    问：女的缺乏什么？

第 二 部 分

第 21 到 45 题，请选出正确答案。现在开始第 21 题：

21. 女：你听说了吗？小王她爸去世了。
    男：是吗？小王这么年轻，她爸年纪也不大吧？得了什么病啊？
    女：听说她爸抽了一辈子的烟，把肺抽坏了，你也要注意啊。
    男：我知道抽烟不利健康，可就是戒不了。
    女：下决心没有做不成的事。
    问：关于女的，下列哪项正确？

22. 男：你最近这么爱看"天天美食"频道啊。
    女：是啊，我这个人比较笨，创造不出什么菜，可模仿着做还行。
    男：有这么好学的妻子，我天天都有美食吃了！
    女：谢谢你的赞美，过会儿你就可以吃到这道黄瓜炒鸡片了。
    问：女的最近爱做什么？

23. 女：这光盘怎么不能用了？
    男：让我看看，上面这么多灰尘，我擦干净你再试试。
    女：好像还是不行，是不是电脑的问题？
    男：不一定，你拿这张光盘试试，要是还不行，就可能是硬件的问题了。
    问：男的是什么意思？

24. 男：你这包是进口的吧？要多少钱？
    女：我是去年委托朋友从国外带回来的，一百美元吧。
    男：真便宜啊，听说现在进海关要加税了。
    女：暂时还没加，不过听说下个月就要开始实行了。
    问：关于女的，可以知道什么？

25. 女：你选的课真多啊，一定挺累的吧？
    男：累是累，不过我喜欢，有压力才有进步呀。
    女：难怪张教授总夸你，说你在学术研究上大有前途。
    男：是吗？那我应该更加勤奋才对。
    问：男的怎么样？

26. 男：这一期的商品广告编辑好了吗？
    女：差不多了，不过，打折商品那一部分还没完全做好。
    男：销售部还没把价格单拿给你吗？
    女：已经给了，但有些打折商品的优惠日期还要确认一下。
    问：女的需要确认什么？

27. 女：我下午课不多，想打打工赚点儿学费，你们公司需要人吗？
    男：现在不需要，不过我们公司有几个外国人，想找人教他们中文。
    女：那太好了，正好符合我的专业，你帮我问问吧。
    男：干脆你下午来一趟我们公司，我给你当面推荐推荐。
    问：男的建议女的做什么？

28. 男：这趟在海边玩儿得真好，晚上都不用开空调，太舒服了。
    女：你运气真好！你不在的这几天，北京热得不得了，居然达到了四十多度。
    男：真不敢相信，现在这灾害性天气太多了！
    女：幸亏现代人有空调，不然全都被烤化了。
    问：关于男的，下列哪项正确？

29. 女：快把蜡烛插上吧。
    男：糟糕，忘了买火柴了，这怎么办？
    女：我早就替你准备好了！下午我去买蛋糕的时候，特意去买了盒火柴。
    男：你想得真周到。好了，把灯关掉，我来许个愿！
    问：男的忘了买什么？

30. 男：我记得小说里的人物浓眉大眼，身材高大，是吧？
    女：对啊，这个演员虽然长得帅，可总感觉柔弱了一些。
    男：可见看电影真不如看小说，看小说有想象的空间。
    女：不过我觉得画面还是挺完美的。
    问：他们现在可能在哪儿？

第 31 到 32 题是根据下面一段对话：

男：到舅舅家来，千万别客气，多吃点儿啊！
女：谢谢您，我已经吃饱了。
男：才吃这么点儿就饱了？是不是舅舅烧的菜不好吃啊？
女：哪儿啊，我平时只吃一点儿，今天还算是吃得多了呢。
男：我知道了，你跟你妹妹一样，爱吃零食，到吃饭的时候就吃不下了。
女：舅舅，您真了解我啊！
男：我是你舅舅嘛！对了，这次来北京有没有特别想去的地方？
女：名胜古迹我以前都去过了，这次想全面了解一下北京的胡同，为我的论文做准备。

31. 根据对话，可以知道什么？
32. 女的这次来北京特别想做什么？

第 33 到 34 题是根据下面一段对话：

女：有个事儿我想征求一下你的意见。孩子现在大了，也没那么多事了，呆在家里挺无聊的，我想开个店。
男：这当然好了！我支持你，你大概准备投资多少？
女：开始别太多，家里要留些存款，最多也就十万块钱吧。
男：你以前不是在文具店做过吗？要不开个文具店吧，你会比较熟悉。
女：我也有这个打算，我看儿子学校附近还没文具店，我想把握住这个机会。
男：那我们得制订一个计划，注册、进货、销售都要好好考虑考虑，做生意要谨慎一点儿。
女：是啊，我没做生意的经验，你可得多指导我。

33. 对于投资，男的是什么态度？
34. 女的需要男的做什么？

第35到36题是根据下面一段对话：

　　一家公司刚刚公布了一条招聘信息，就有很多人前来应聘。这天，又来了位求职者，经理对他说："说实话，我们不能雇佣你，已经有许多人来应聘了，光登记他们的名字都登记不完。"这位求职者立刻开玩笑地回答："那你们公司不是还缺少一个人吗？我可以专门负责帮你们登记这些人的名字啊。"

35. 经理怎么对待这个应聘者的？
36. 这个应聘的人认为自己能做什么？

第37到38题是根据下面一段话：

　　各位团友，首先我代表中国南京国际旅行社对大家参加这次旅游活动表示热烈欢迎。我是旅行团的导游，我姓林，大家可以叫我小林或林导。在我身边的这位是我们的司机王师傅。在这两天里呢，将由我和王师傅为大家服务。我们一定努力使大家在"食住行游购娱"各方面都得到满意的服务。我们也希望在座的每一位团友都能够配合我们的工作，爱护车厢里的清洁卫生。

37. 说话人是谁？
38. 说话人希望大家注意什么？

第39到42题是根据下面一段话：

　　中国唐朝有一位大诗人叫李白，他小时候不喜欢念书，常常逃学，到街上去闲逛。一天，他又没有去上学，在街上玩儿。走着走着，走到了一间破房子前，房前坐着一个满头白发的老婆婆，正在地上磨一根粗粗的铁棒。他走过去，好奇地问："老婆婆，您在做什么？"老婆婆抬起头，笑了笑说："我要把这根铁棒磨成一根针。"说完又低下头继续干她的活。李白又问："是做衣服用的针吗？""当然！"老婆婆回答说。李白听了，更糊涂了，他说："可是，铁棒这么粗，什么时候能磨成细细的针呢？"老婆婆反问他："一滴水可以把石头滴穿个洞，只要我天天磨，我的铁棒为什么不能变成针呢？"

老婆婆的话,让李白很惭愧,于是回去之后,坚持刻苦学习,后来成了著名的诗人。

39. 李白小时候经常做什么?
40. 老婆婆为什么磨铁棒?
41. 老婆婆觉得应该怎么做?
42. 听完了老婆婆的话,李白觉得怎么样?

第43到45题是根据下面一段话:

很多游泳运动员都有这样的体会,在训练中常常要花太多的精力去记住所游的距离和圈数,或者得请专门的人员在旁边记录。目前,一名大学生发明了一种游泳镜,它能自动显示游泳者游过的距离和圈数,从而帮助游泳者集中注意力。

这种游泳镜里安装了电子设备,在它的帮助下,游泳者游过的距离和圈数的信息都将显示在游泳镜内侧的小电子屏上,游泳者可以随时观看,这样游泳者只需要集中注意力,提高自己的游泳技术就行了。

目前,这种电子设备的大小跟一块儿小石头差不多,而经过改进后,面积将和一枚一角钱的硬币一样大。游泳者戴上这种眼镜后,在游泳时就会觉得更方便。

43. 这种游泳镜记录什么?
44. 用了这种游泳镜后,运动员会怎样?
45. 将来这种电子设备的大小跟什么差不多?

听力考试现在结束。

HSK（五级）全真模拟试题（第7套）听力材料

（音乐，30秒，渐弱）

大家好！欢迎参加HSK（五级）考试。
大家好！欢迎参加HSK（五级）考试。
大家好！欢迎参加HSK（五级）考试。

HSK（五级）听力考试分两部分，共45题。
请大家注意，听力考试现在开始。

第 一 部 分

第1到20题，请选出正确答案。现在开始第1题：

1. 女：很快就要决赛了，你这胳膊上的伤怎么办呢？
   男：这点儿伤算什么！别担心，我自己能克服的。
   问：男的是什么意思？

2. 男：最近黄金市场太疯狂了，三天涨了百分之十！
   女：有涨就有落，你还是赶紧趁现在把手上的黄金卖了吧。
   问：根据对话，可以知道什么？

3. 女：这些项链虽然是复制品，但很有古代的风格。
   男：是啊，要不是听了解说员的讲解，我还以为是古代的真品呢！
   问：他们最可能在哪儿？

4. 男：还剩两分钟，下面我们请余经理简单概括一下大家的发言吧！
   女：大家的意见虽然很尖锐，但也很坦率。希望今后的会议都像今天一样实在，感谢大家，散会。
   问：关于这次会议，可以知道什么？

5. 女：你们家儿子长得真结实，小时候都吃什么了？
   男：小时候都是姥姥帮忙照顾的，可能那时在农村，天天在外面玩儿，锻炼出来的吧。
   问：男的的儿子为什么长得结实？

6. 男：任何电器都有寿命，您这台电视机都用了十年了，该换了。
   女：你还是帮我修修吧，说不定还能再用个一两年呢。
   问：女的是什么意思？

7. 女：牛仔裤、棉衣、袜子、手套都装包里了，矿泉水路上喝。哦，千万别忘了录取通知书。
   男：妈，车快开了，您下去吧。放心吧！我一到学校立刻就给家里报平安。
   问：男的要做什么？

8. 男：这是我个人的观点，肯定还需要补充，请你提提意见。
   女：你已经考虑得很完美了，很多问题我以前都没想到呢。
   问：女的是什么语气？

9. 女：我估计小偷是打碎玻璃进的房间。
   男：有可能。你们小区好像安装了摄像头，等我们看过后也许能有答案。
   问：男的最可能是什么人？

10. 男：张医生，又来找您了。最近我总是腰酸腿疼的。
    女：我来看看，你这还是老毛病，没什么大问题。备半小时课就站起来活动活动，让肌肉放松放松就行了。
    问：他们有可能是什么关系？

11. 女：这座古塔的台阶比较窄，大家慢慢上，上去后再拍照吧。
    男：我年纪大了，不上了，我在下面帮大家看行李吧。
    问：男的要做什么？

12. 男：钓鱼你可不是我的对手，还是认输吧。
    女：认输就认输，我从来没钓过鱼，今天的成果也算不错了。
    问：关于女的，可以知道什么？

13. 女：今天是什么日子啊？加油站还排长队？
    男：你没听说吗？明天汽油价格又要调整了，我昨天晚上就加满了。
    问：汽油价格什么时候调整？

14. 男：九月的考试是否取消了？怎么每个人都有不同的说法呢？
    女：都什么时代了？要想得到确切的消息，上网站瞧瞧不就行了？
    问：女的是什么意思？

15. 女：一上台表演，我的舌头就像不是自己的似的。
    男：面对观众肯定会紧张，尽力就行了。来，再喝口水，放松放松！
    问：关于男的，可以知道什么？

16. 男：我陆续采访了几十位老戏剧家，并把他们的演唱完整地录了下来。
    女：感谢您为中国戏剧所做的一切，这些录音对于戏剧的学习和研究太有帮助了！
    问：关于这些录音，下面哪项正确？

17. 女：你把广播声音开大点儿。听，摩托车和卡车相撞，两死一伤。
    男：难怪堵车堵得这么长。唉，听到这种消息总让人怪难受的。
    问：他们怎么了？

18. 男：糟糕，我又忘带零钱了，上周五借你的钱还没还呢。
    女：别着急，周三晚上不是聚会吗？到时候你再给我吧。
    问：男的什么时候借的钱？

19. 女：你说我把眉毛画淡一点儿是不是更加自然？
    男：你怎么画都好看，无论浓的淡的都很有魅力。
    问：根据对话，可以知道什么？

20. 男：保险箱是挺保险的，可万一我忘了保险锁的密码怎么办呢？
    女：所以你最好把密码记在电脑里，人脑有时还不如电脑保险呢。
    问：女的是什么意思？

第 二 部 分

第 21 到 45 题，请选出正确答案。现在开始第 21 题：

21. 女：我真担心月月，她一个人在国外，没人照顾她怎么办啊？
    男：别操心了，那儿不是有姑姑吗？而且孩子大了，该让她闯闯了！
    女：可这孩子从小就没离开过我，她又不太会和别人打交道。
    男：所以你更要给她机会，让她去锻炼锻炼啊。
    女：这个道理我懂，可我这做妈的，能不操心吗？
    问：根据对话，下列哪项正确？

22. 女：先生，请问您对哪一种电信服务感兴趣？
    男：我一年中有半年时间在国外，你觉得哪一种适合我？
    女：这种就是针对您这样的特殊群体的，打国际长途能省百分之五十。
    男：是吗？太好了，那我先试用半年吧。
    问：这种服务有什么好处？

23. 男：请问，你们艺术中心的钢琴班什么时候开始？
    女：随时可以开始。
    男：一节课多少钱？
    女：一节课半个小时，七十元，一对一教学。
    问：关于钢琴班，可以知道什么？

24. 男：今天早上吃什么啊？
    女：我刚才出去买了几个菜包，赶紧趁热吃吧，冷了就不好吃了。
    男：这菜包的味道真不错，是不是张记的？
    女：就是那家的，他们的包子口味很独特，每次都要排队等呢。
    问：张记的菜包怎么样？

25. 女：您好，请问李工程师在吗？
    男：她在休息呢，我是她先生。请问您有急事吗？
    女：没什么急事，我姓李，是她老同学，麻烦您转告她我来南京了。
    男：好的，她一醒我就转告她。
    问：女的请男的做什么？

26. 男：我刚才重复了一遍，现在你清楚了吗？
    女：这个成语太抽象了，我还是不太理解。
    男：不要紧，我给你看一段动画，你就明白了。
    女：原来是这样啊！还是动画生动，一看就清楚了。
    问：男的是怎么让女的明白的？

27. 女：这种豪华游船价钱不贵，服务特别高级，吃和住都不错。
    男：与其坐船，不如坐飞机，几个小时就到。
    女：两种感觉是完全不同的！
    男：要不先别签合同，我把资料带回去，征求一下儿子的意见吧。
    问：他们可能在哪儿？

28. 男：姑娘，你们店里中午有馒头卖吗？
    女：老人家，当然有啊！
    男：我买两个。对了，人民医院是不是就在这附近啊？
    女：你看到前面那个花店吗？向右拐个弯就到了。
    问：关于男的，下列哪项正确？

29. 女：这车怎么开得歪歪斜斜的？看，闯红灯了。
    男：我估计车主喝醉了，万一撞到人就坏了。
    女：唉呀，车撞到树上了。
    男：我来打122，让交通警察来处理。
    问：男的准备做什么？

30. 男：这部电影让我想起了我第一次牵你手时的情景。
    女：是啊，电影拍得很真实，把我带回了那个年代。
    男：现代社会，那样单纯的爱情可能只能在电影里找了。
    女：也不见得，大部分人的爱情还是很单纯的，只是社会更复杂了。
    问：根据对话，可以知道什么？

第 31 到 32 题是根据下面一段对话：

男：你好，我是过来办理保险的。
女：您请坐，请稍等一下。请问您贵姓？
男：我姓章，文章的章。
女：章先生，哦，找到了！您是约了今天过来办少儿万能险的。
男：对啊，我一直是向牛经理买保险的，他跟我约了这个时间见。
女：牛经理现在正在跟一位客户谈话，十分钟就好，您先坐会儿。
男：好的，谢谢！
女：那边有咖啡和茶，您随便用。旁边还有些杂志，您可以看看。

31. 男的来这儿做什么？
32. 根据对话，可以知道什么？

第 33 到 34 题是根据下面一段对话：

女：你现在能看懂英文电影了？真厉害。
男：哪儿啊，还没那水平呢。你看，下面有中文字幕。
女：你不是打算出国读研究生吗？你应该利用看电影的机会练英语啊。
男：对啊，我现在的听力提高了不少呢。
女：我也是啊，可我尽量控制自己不去看字幕，实在不明白再看一眼。
男：一边听一边看字幕，也可以学不少新词呢。
女：这我同意，不过要想提高听力，我建议你还是把字幕去掉。

33. 男的为什么能看懂英文电影？
34. 女的建议男的做什么？

第 35 到 36 题是根据下面一段对话：

老师请每个同学说一个故事，然后讲一讲这个故事给人的教训。王可说："我爷爷在第二次世界大战时是开飞机的，有一次他的飞机被敌人打中，他跳出飞机降落在一个小岛上，身边只有一小瓶白酒。他在岛上碰到了一群敌人，他喝下那瓶酒，然后把敌人都打跑了。"老师听了说："你爷爷真是了不起！可这个故事给人的教训是什么呢？"王可说："教训就是，我爷爷喝酒的时候最好不要打扰他！"

35. 关于王可的爷爷，下面哪项是正确的？
36. 老师觉得爷爷怎么样？

第 37 到 38 题是根据下面一段话：

受冷空气和热带系统的影响，未来三天，海南大部分地区仍然有持续的强降水天气，其中东部和南部雨量较大。15 至 16 日，受补充南下的冷空气影响，内蒙古中东部、东北、华北北部等地气温将先后下降 4 到 8 度，以上大部分地区同时会有 4 到 6 级大风。16 日起，又有一股冷空气会从西向东影响以上地区，这些地区温度将继续下降 3 到 4 度。

37. 海南大部分地区为什么雨量大？
38. 华北地区最近天气怎么样？

第 39 到 42 题是根据下面一段话：

从前有个人叫杨子，他隔壁的邻居是个放羊的。有一天，邻居来找他，请他派出几个学生，帮他找丢失的羊。杨子说："才丢了一只羊，何必要这么多人去找呢？"邻居说："山里面小路多，人少了可能分配不过来。"杨子觉得这话有道理，就派了自己的几个学生帮邻居找。邻居带大家从放羊时经过的大路走，一遇到小路就派一个人去寻找。没过多久，他带去的人都用完了，剩下那邻居一人走大路。可是没走多远，前面又出现了小路。他只能选择了一条，走着走着，前面又有小路。眼看天都黑了，他还是没找到羊，无奈只好往回走。路上碰到其他找羊的人也说自己遇到了同样的困难。

杨子听了大家的话，叹了口气对学生们说道："从这件事我想到，追求真理也同这种情况一样，一旦失去了方向，很可能最后什么也得不到啊！"

39. 杨子是什么人？
40. 杨子的邻居请他做什么？
41. 路上发生了什么事？
42. 根据这段话，可以知道什么？

第43到45题是根据下面一段话：

　　生活中常会出现这样的情景，坐在沙发上想看电视，找了半天却找不到电视遥控器；或者找到了电视遥控器，却找不到网络电视盒的遥控器；也可能这两个都找到了，却找不到DVD的遥控器。这些遥控器，常常被我们用后就随手乱扔。

　　有个人也常遇到这样的事，他最后决定去买个装遥控器的盒子。可他发现了一个问题，市场上卖的盒子有专门装纸巾的，也有专门装遥控器的，但却没有把纸巾和装遥控器装在一起的盒子。这样，他家沙发前的小桌子上就得摆两个盒子，占去了很大一块面积。

　　于是，他设计了一种可以同时装纸巾和遥控器的盒子，很实用，价格也不高，一上市就很受欢迎。

43. 生活中常发生什么事？
44. 这个人在市场上发现了什么问题？
45. 他发明的盒子怎么样？

听力考试现在结束。

HSK（五级）全真模拟试题（第8套）听力材料

（音乐，30秒，渐弱）

大家好！欢迎参加 HSK（五级）考试。
大家好！欢迎参加 HSK（五级）考试。
大家好！欢迎参加 HSK（五级）考试。

HSK（五级）听力考试分两部分，共45题。
请大家注意，听力考试现在开始。

第 一 部 分

第1到20题，请选出正确答案。现在开始第1题：

1. 女：你现在怎么不开车上班了？
   男：地铁不是通了吗？我家门口就有车站，方便得很。
   问：男的现在怎么上班？

2. 男：我们每次出来吃饭，你好像从来不点鱼，不喜欢吗？
   女：不是不喜欢，而是我一吃鱼就过敏。
   问：女的为什么不吃鱼？

3. 女：你看隔壁那一对儿又吵架了，我要不要过去劝劝他们？
   男：两口子吵架不是很正常的吗？你就别瞎操心了。
   问：男的是什么意思？

4. 男：我们系排球队在学校组织的排球比赛中获得了冠军。
   女：真的吗？你们系的排球原来不是挺弱的吗？
   问：女的是什么语气？

5. 女：三点的班主任会议，是不是说选举的事儿？
   男：这个会由心理健康学会的张主席主持，要讲学生的心理健康问题。
   问：关于下午的会，哪项是正确的？

6. 男：我想买两张16号晚上去北京的火车票。
   女：16号的票卖光了，17号的可以吗？
   问：女的可能是做什么的？

7. 女：怎么开这么慢啊，你可是老司机了，还担心自己的技术不好啊？
   男：生命最宝贵，还是慢点儿好。
   问：关于男的，可以知道什么？

8. 男：简直太精彩了，这么多人一起看决赛，气氛多好啊！
   女：我倒宁可回家坐在沙发上一边吃零食一边看。
   问：他们可能在哪儿？

9. 女：最近那个《春天的故事》你在看吗？
   男：里面的角色我不喜欢，我太太倒是天天坐在电视机前看。
   问：他们在谈论什么？

10. 男：搬到这里来已经两个多月了，但我还是不习惯。
    女：虽然你在这儿没有朋友，但毕竟可以跟儿子住在一起啊。
    问：根据对话，下面哪项正确？

11. 女：我现在什么也想不起来，怎么办啊？
    男：我第一次给别人开讲座时也这样，你出去走走，放松一下就好了。
    问：关于女的，可以知道什么？

12. 男：小刚是个聪明孩子，可惜交了几个不太好的朋友。
    女：我觉得他今天变成这样，是由于父母的教育不正确造成的。
    问：女的觉得，谁应该负责任？

13. 女：谢谢你来参加我们的新产品介绍会。
    男：贵公司这些新产品都很有创意，我觉得自己学到了很多东西。
    问：男的是什么意思？

14. 男：家里还有牛奶呢，你又买这么多干什么？
    女：我听说用牛奶洗脸对皮肤特别好，想买点儿试试。
    问：女的为什么要买牛奶？

15. 女：对不起，您闯红灯了，请给我看看您的驾驶执照。
    男：真对不起，我今天有点儿头疼，注意力不太集中。
    问：他们是什么关系？

16. 男：这次的"西部之行"摄影展哪天举行？
    女：原计划是星期三，但因为天气的缘故，推迟到星期五了。
    问：摄影展哪天举行？

17. 女：你的键盘上脏死了，我擦了二十分钟了还没擦干净呢。
    男：别生气，我以后不在电脑旁边吃东西了。
    问：女的正在干什么？

18. 男：说下雪就下雪，预报还挺准的。
    女：南北方气候就是不一样，在我们昆明现在还温暖如春呢。
    问：现在可能是什么季节？

19. 女：我最近总是头疼，肩膀和背也不舒服，我是不是得了什么重病？
    男：别胡说，你主要是最近太累了，好好休息一下就会好的。
    问：根据对话可以知道什么？

20. 男：快，马上就要到山顶了，你看，秋天的景色多美啊，像一幅画儿一样。
    女：我实在爬不动了，你来扶我一下吧。
    问：他们正在做什么？

第 二 部 分

第21到45题，请选出正确答案。现在开始第21题：

21. 女：回来啦，我让你买的醋买了吗？
    男：你是我们家的领导，你交给我的任务我肯定要完成。
    女：态度很好，我决定晚饭做你最喜欢的菜。
    男：哈哈，肯定是糖醋鱼吧。
    女：对，你先去洗个澡，半个小时后就开饭了。
    问：女的现在让男的干什么？

22. 男：阳阳，今天妈妈带你去哪儿玩儿了？
    女：我不告诉你，你猜猜看？
    男：我猜，你们去看熊猫、大象，还有可怕的大灰狼，对不对？
    女：对啦，我还给它们喂食物了呢。
    问：女的今天去哪儿了？

23. 女：你说我们这次年假是去南方还是北方呢？
    男：北方这个时候正是冬天，还是去南方吧，那儿暖和。
    女：那我们就去海南吧，躺在沙滩上晒太阳，肯定舒服极了。
    男：好，那我先上网预订机票和宾馆。
    问：他们在讨论什么？

24. 男：您好，我想要一个明天晚上的包间，大概十人左右。
    女：好的，明天大概几点来？是现在点菜还是明天点？
    男：大概六点半吧，明天到了以后再点菜。
    女：好的，请您留个电话，我们的房间将为您保留到七点。
    问：男的在干什么？

25. 女：为什么中国人常说"我的水平不太好""我不行"这样的话？
    男：这只是一种谦虚的说法，中国人习惯这样的表达方式。
    女：假如我说"我的水平相当高"，合适吗？
    男：可以是可以，但会显得很骄傲。
    问：在中国，人们习惯用什么样的表达方式？

26. 男：孩子这么小你就给他讲故事，他能听懂吗？
    女：你可别轻视孩子，他们的智慧超过我们的想象。
    男：十个月大的孩子哪儿有那么厉害？
    女：再说，能不能听懂不重要，重要的是培养他看书的兴趣。
    问：女的是什么意思？

27. 女：这次实验又没做成功！
    男：只是技术上出了一点点问题，下次注意就行了。
    女：搞了这么多次，我都已经快没信心了。
    男：别这样想，"失败是成功之母"，爱迪生发明一种电池前，失败了八千多次呢。
    问：男的是什么意思？

28. 男：你的书快要写完了吧？不是说年底就能出版吗？
    女：唉，没那么快，内容修改了一些，目录也做了调整，所以还要推迟一段时间。
    男：别着急，慢工出细活儿！
    女：我也常用这句话来安慰自己。
    问：通过对话，哪项是正确的？

29. 女：你看，刚看了一会儿就来广告了。
    男：我们就趁广告时间让眼睛休息休息吧。
    女：但是广告也实在太多了。
    男：是啊，有时候看到最精彩的地方突然放广告，真让人受不了。
    问：女的不能忍受什么？

30. 男：你觉得这款冰箱怎么样？
    女：客观地说，我觉得样子太丑了，上下两部分比例不协调。
    男：但是这种冰箱特别省电。
    女：我觉得漂亮最重要，其次才是省不省电，因为现在的冰箱也是一种装饰品。
    问：女的认为买冰箱什么最重要？

第31到32题是根据下面一段对话：

女：这个城市多好啊，一年四季温暖如春。
男：我觉得它也很现代化，生活很方便。
女：另外，这儿的人很会吃，很会享受生活。
男：是啊，小饭店的菜也做得又好看又好吃。
女：我唯一不喜欢的是，这儿的人说话好像舌头伸不直似的。
男：我刚开始也不习惯，但时间一长，觉得还挺好听的。
女：你在这儿生活几年了？
男：七八年了。

31. 女的为什么喜欢这个城市？
32. 关于男的，可以知道什么？

第33到34题是根据下面一段对话：

女：请问，您打太极拳多少年了？
男：六十岁开始，已经十年了。
女：您是怎么想起练习太极拳的？
男：以前我身体不太好，大夫建议我多打打太极拳。
女：练了太极拳，您最大的收获是什么？
男：原来我常发脾气，自从打了太极拳，我的性格变好了很多。
女：那我祝您身体越来越棒。
男：谢谢你。

33. 男的练习太极拳多长时间了？
34. 太极拳给男的带来的最大的改变是什么？

第35到36题是根据下面一段对话：

作家毛姆在刚刚发表小说时，没有什么名气，所以他的作品卖得不太好。为了吸引大家买他的小说，毛姆在报纸上登了一则广告："我是年轻而英俊的百万富翁，现在还没有结婚，很想寻找一位合适的女士做妻子，她必须跟毛姆小说中的那个女孩儿差不多。"广告登出去后，毛姆的小说一下子全都卖出去了。

35. 毛姆为什么登广告？
36. 关于毛姆，哪一项是正确的？

第37到38题是根据下面一段话：

顾客朋友们请注意，现在广播找人，一个两岁女孩儿三点十分左右在二楼儿童服装部走失。该女孩儿身高大约85厘米，皮肤比较白，头上戴着两个红色的卡子，身穿紫色上衣、白色裤子，脚上穿着一双黑色皮鞋。如有人看到，请把孩子带到五楼广播室，非常感谢您的配合。

37. 在哪儿可以听到这段话？
38. 关于这个女孩儿，可以知道什么？

第39到42题是根据下面一段话：

从前，有个叫乐广的人，一天，他请一位朋友到家里喝酒。那位朋友拿起酒杯，忽然看见酒杯里有一条小蛇，他心里觉得很害怕，但为了礼貌还是把酒喝了下去。可是回家后，他越想越觉得恐怖，很快就病倒了。

乐广听说朋友病了，特意去看他。他发现几天没见，朋友变了很多，人显得很没精神。当他得知朋友生病的原因后，乐广感到很奇怪："酒杯里怎么会有小蛇呢？这是绝对不可能的。"为了搞清真相，乐广回到家里便坐在那位朋友曾经坐过的位置上，往杯子里倒满酒。突然，他看到了酒杯中的小蛇——原来是挂在墙上的、形状像蛇的装饰品照在酒里的影子。

于是，乐广赶紧向朋友说明了原因，那位朋友的病很快就好了。

39. 乐广的朋友喝酒的时候发现了什么？
40. 朋友回到家后怎么了？
41. 看过朋友后，乐广决定做什么？
42. 关于杯子里的"蛇"，哪一项是正确的？

第 43 到 45 题是根据下面一段话：

一家矿泉水公司登在杂志上的广告全是黑白的，他们绝对不做彩色广告。这是为什么呢？原来他们发现，现在的杂志里全是彩色图片。如果他们也把广告做成彩色的，夹在众多广告中间，很难被发现，于是，他们做起了黑白广告。这个想法果然收到了很好的效果，读者拿起一本杂志，在一片五颜六色的彩图中，突然发现一页朴素大气的黑白广告，那种感觉就像在繁华的城市里，突然发现了一块安静的地方，感觉十分舒服，自然也会对那张图片格外注意。久而久之，这种广告形式不但深受消费者的喜爱，而且成为了广告文化的一部分。

43. 关于彩色广告，哪种说法是正确的？
44. 在杂志中看到黑白广告，让人觉得怎么样？
45. 消费者对黑白广告是什么态度？

听力考试现在结束。

HSK（五级）全真模拟试题（第9套）听力材料

（音乐，30秒，渐弱）

大家好！欢迎参加 HSK（五级）考试。
大家好！欢迎参加 HSK（五级）考试。
大家好！欢迎参加 HSK（五级）考试。

HSK（五级）听力考试分两部分，共45题。
请大家注意，听力考试现在开始。

第 一 部 分

第1到20题，请选出正确答案。现在开始第1题：

1. 女：听说你睡觉以前都要听一会儿英语磁带，真努力啊！
   男：听着磁带我能很快睡着，效果还不错呢。
   问：男的为什么要听磁带？

2. 男：文文，我拿了五支笔，一把尺子、一块橡皮，还要什么？
   女：爸爸，我这学期有手工课，再买一把剪刀、一瓶胶水和一些彩纸吧。
   问：他们可能在哪儿？

3. 女：刘老师，小刚作文这么差，我想给他报个辅导班。
   男：你多带他出去接触接触社会，效果可能会更好。
   问：男的对小刚有什么建议？

4. 男：请问，你们药店国庆期间上班吗？
   女：10月1号到3号休息，4号开始正常营业。
   问：男的可以什么时候去药店？

5. 女：刘总，时间恐怕来不及了。
   男：哪怕不吃不睡，我们也要按时完成！
   问：男的是什么语气？

6. 男：你知道吗？陈工程师辞职去了远达公司。
   女：我早说过，他是名牌大学的博士，以后肯定会去更有前途的大公司的。
   问：女的是什么意思？

7. 女：你刚学会游泳，千万别到深水区去，很危险。
   男：你怎么对我的水平这么不放心啊？
   问：女的要求男的怎么样？

8. 男：你今天去检查的结果怎么样？
   女：具体的诊断结果明天才能出来，医生怀疑是海鲜过敏引起的。
   问：女的今天做什么了？

9. 女：你看这个多漂亮啊！拍照功能很好，还能上网呢。
   男：我不要那么复杂的，只要能打电话就行。
   问：他们可能在谈论什么？

10. 男：我觉得回国后，英语退步了很多。
    女：没有啊，你在我们几个里面口语是最棒的。
    问：通过对话，可以知道什么？

11. 女：记得我第一次做采访节目时，紧张得连嘉宾的名字都叫错了。
    男：是吗，真想象不出来您还有那种时候。
    问：女的可能是什么人？

12. 男：开公司一定要合法经营，不能为了钱什么都干。
    女：爸，你放心吧，违反法律的事我坚决不做。
    问：女的是什么意思？

13. 女：您这次获得了最佳男主角，有什么感想吗？
    男：我要感谢张导演，感谢所有跟我合作的演员，最想感谢的是我的太太。
    问：男的最想感谢谁？

14. 男：你怎么又吃这些油炸食品啊？对身体不好。
    女：我也不想吃啊，这不是没时间做饭吗？
    问：女的为什么吃油炸食品？

15. 女：我昨天夜里怎么都睡不着，睁着眼睛一直到天亮。
    男：是不是因为咖啡喝多了？
    问：女的怎么了？

16. 男：听说你会下象棋，教教我吧。
    女：我最多算是个初级水平，你还是请老张教你吧，他下得很好。
    问：女的是什么意思？

17. 女：小丽你还记得吧？她嫁了个有钱人，现在在家做全职太太了。
    男：我觉得女人还是保持经济上的独立比较好。
    问：对于女人，男的有什么看法？

18. 男：你看我这样去参加面试行吗？
    女：蓝西装、灰领带，整体感觉还不错，但领带有点儿歪，重新系一下吧。
    问：男的打扮得怎么样？

19. 女：老张，厂里的排球俱乐部想搞场比赛，能不能申请活动费用？
    男：这件事我说了不算，得领导点头才行。
    问：男的是什么意思？

20. 男：孩子平时弹得那么熟练，怎么上台就不行了呢？
    女：他第一次上台表演，不免会紧张，你别责备他啊。
    问：女的是什么意思？

第 二 部 分

第21到45题，请选出正确答案。现在开始第21题：

21. 女：这班飞机是在这个柜台办理登机手续吗？
    男：是在这儿。请把您的行李放上来称一下重量。
    女：好的，飞机会准时起飞吗？
    男：会的。这是您的登机牌，请拿好。
    问：他们在哪儿？

22. 男：你看这条新闻。
    女：自行车运动员在比赛中被严重撞伤，可能有生命危险。
    男：我原来还以为自行车是相对安全的比赛项目呢。
    女：速度过快的话，任何比赛都会有危险的。
    问：根据对话，可以知道什么？

23. 女：你和小刘谈恋爱有七八年了吧？
    男：嗯，到今年五月就整整八年了。
    女：该考虑考虑结婚的事了，别让小刘等急了。
    男：婚姻的开始就是爱情的结束，我们俩都这么认为。
    问：男的是什么意思？

24. 男：听说了吗？水费要实行分段收费了。
    女：分段收费？具体的费用是怎么样的？
    男：十吨以下每吨两块二，十吨以上每吨两块八。
    女：我觉得这样的政策挺好的，可以在一定程度上减少浪费水的行为。
    问：十吨以下，每吨水多少钱？

25. 女：哎呀，手机充电器忘带了！
    男：你看你，不重要的带了那么多，重要的反而忘了。
    女：那赶紧回去取一下吧。
    男：还有半小时火车就要开了，来不及了，到北京再买一个吧。
    问：男的是什么意思？

26. 男：明天公司要开会讨论我的方案，运动会让你妈妈一个人去吧。
    女：开幕式上还有我的表演呢，难道您不想看吗？
    男：想看是想看，但工作更重要啊。
    女：好吧，我批准您不去，但是要买件礼物安慰我一下。
    问：他们可能是什么关系？

27. 女：你们两个怎么又打起来了？
    男：妈妈，她不讲道理，抢我的玩具，还打我。
    女：她是妹妹，比你小，你应该爱护她啊。
    男：凭什么我总是让着她？我爱护她，她也应该尊重我这个哥哥啊！
    问：女的希望男的怎么做？

28. 男：我的驾驶证找不到了，你帮我找找吧。
    女：书桌的抽屉里有没有？你的身份证、毕业证什么的都在那儿。
    男：我翻过好几遍了，没有。
    女：对了，你上次是开车去北京的，会不会放在车上的文件包里了？
    男：哦，对对，想起来了，是放在那个文件包里了。
    问：男的在找什么？

29. 女：都十二点多了，怎么还不睡啊？
    男：我们单位规定，凡是四十岁以下的，都要通过司法考试。下个月就要考了。
    女：那你披件衣服，小心别着凉。
    男：知道了，你先去睡吧。
    问：关于男的，我们可以知道什么？

30. 男：刘秘书，八月二十号的会议很重要，请你记着提醒我。
    女：经理，这是前天的事儿了。
    男：天哪！我居然忘记参加会议了。
    女：您已经去过了。
    问：根据对话，可以知道什么？

第 31 到 32 题是根据下面一段对话：

男：妈妈，为什么总是先看见闪电后听到雷声呢？
女：因为闪电担心你害怕雷声，所以先来告诉你呀。
男：那为什么到了冬天，水就变成冰了呢？
女：是为了让孩子们滑冰啊。
男：那为什么王子吻一下，白雪公主就会醒过来呢？
女：因为王子爱白雪公主啊，爱的力量特别伟大。好了，我们要赶快睡觉了。
男：那妈妈你吻我一下，我就会一下子睡着了。
女：好吧，宝贝晚安。

31．女的认为白雪公主为什么能醒过来？
32．现在是什么时候？

第 33 到 34 题是根据下面一段对话：

女：就是这套房子，您进去看看吧。
男：看起来不大啊。面积是多少？
女：70 平米，两个卧室，有餐厅和客厅，你们小两口住够了。
男：可有了孩子就显得有点儿小了。
女：小是小了点儿，但价钱便宜啊，八十万，您肯定不吃亏。
男：这儿有地铁，交通倒还不错。
女：是啊，上班很方便。

33．他们在干什么？
34．男的对房子有什么不满意？

第 35 到 36 题是根据下面一段话：

爷爷和孙子拉着一匹小马出门。走了没多远，听见一个人说："真傻，怎么不骑在马上呢？"于是爷爷让孙子骑到了马上。走着走着，遇到一位老奶奶，她说："这个孙子真不像话，爷爷这么大年纪了，怎么能让爷爷走路呢？"于是爷爷骑到了马上，让孙子走路。走了不远，又遇到一个小伙子，他说："这个爷爷真不应该,孙子这么小,怎么能让孙子自己走呢?"爷爷和孙子只好都骑到了马上,可怜的小马被压得一下子摔倒在了地上。

35. 看到孙子骑着马,老奶奶觉得怎么样?
36. 这段话告诉我们什么?

第37到38题是根据下面一段话:

亲爱的顾客朋友:您好!欢迎光临惠而美超市,请您保管好所带的物品,不要将钱包、手机等放在购物车内。带小孩的顾客朋友请照顾好自己的孩子,不要把孩子单独放在购物车内。为了方便商品维修或进行退换,请保留好电脑销售发票。如果您有任何意见或建议,请向三楼服务台的工作人员反映。多谢您的支持与合作,祝您购物愉快!谢谢!

37. 在哪儿可以听到这段话?
38. 如果有意见或建议,应该去哪儿?

第39到42题是根据下面一段话:

古时候,齐国有个人叫田忌,他很喜欢赛马。有一天,齐王想跟他赛马,田忌知道自己的马没有齐王的好,不想跟齐王赛马,但是又不好意思说不比,只好答应了。

田忌和齐王的马都分三等:上等、中等、下等。比赛分三场,每场比三次,谁赢两场谁就获胜。第一场,田忌用同等级的马跟齐王比,因为田忌的马都没有齐王的好,所以田忌三次都输了。

第二场比赛开始了,田忌先用最差的下等马跟齐王的上等马比赛,结果田忌当然输了。第二次比赛,齐王用中等马,田忌却用了最好的上等马,这次田忌赢了。第三次,田忌用中等马跟齐王的下等马比赛,结果又赢了。这样,第二场比赛田忌赢了。

第三场,田忌用相同的方法又赢了齐王。

比赛的最后结果是二比一,田忌赢了。

39. 田忌为什么不愿意跟齐王赛马？
40. 第二场的第一次比赛，田忌用什么马跟齐王的上等马比赛？
41. 田忌赢了几场比赛？
42. 田忌最后为什么能赢？

第43到45题是根据下面一段话：

儿子为了吃第二块巧克力而哭闹不止，年轻的妈妈为了转移儿子的注意力，在杂志上找到一张世界地图，把它撕成许多小碎片，对儿子说："如果你能用这些碎片重新组合成一幅世界地图，我就再给你吃一块巧克力。"

妈妈认为，即使对大人来说，这都是一项艰巨的任务，更不用说五岁的孩子了。但没到十分钟，儿子便把地图拼好了。妈妈吃惊地问："你怎么拼得这么快？"儿子很轻松地回答："在地图的反面是一个人的照片，我把这个人的照片拼好，然后把它翻过来就行了。"

许多事情表面上看起来很难，但从其背面来看却是如此容易，学会换个角度去看待，很多问题就会轻松解决。

43. 妈妈为什么让孩子拼世界地图？
44. 妈妈觉得交给孩子的任务怎么样？
45. 孩子为什么能完成这个任务？

听力考试现在结束。

HSK（五级）全真模拟试题（第10套）听力材料

（音乐，30秒，渐弱）

大家好！欢迎参加HSK（五级）考试。
大家好！欢迎参加HSK（五级）考试。
大家好！欢迎参加HSK（五级）考试。

HSK（五级）听力考试分两部分，共45题。
请大家注意，听力考试现在开始。

第 一 部 分

第1到20题，请选出正确答案。现在开始第1题：

1. 女：小王，你能帮我重新安装一下电脑系统吗？
   男：没问题，但是您得稍等一下。
   问：男的是什么意思？

2. 男：你尝尝看，我做的黄瓜炒鸡肉片。
   女：颜色看起来真不错，我来吃一口。你忘了放盐了吧？
   问：男的做的菜怎么样？

3. 女：我离过婚，没有孩子，男方有孩子也没关系，但孩子的年纪最好别超过五岁。
   男：你先填一下这张表吧。
   问：他们可能在哪儿？

4. 男：对于新的分配方案，大家是什么态度？
   女：个别人有些想法，我跟他们沟通后，已经没意见了。
   问：女的是什么意思？

5. 女：我偶然跟老张说家里的电脑有病毒，他就拿了个杀毒软件给我。
   男：老张就是这样，谁有需要他都会主动帮助。
   问：男的觉得老张怎么样？

6. 男：您本来可以以高薪留在国外，为什么会选择回国工作？
   女：因为我的根在中国，我热爱祖国的这片土地。
   问：女的为什么回国工作？

7. 女：亲爱的，今天是12月27号了。
   男：我知道，明天是我们的结婚纪念日，礼物我都准备好了。
   问：他们的结婚纪念日是哪天？

8. 男：这块地我们一定要买下来，这儿将来肯定会被开发的。
   女：我们在办手续，估计没什么大问题。
   问：女的是什么意思？

9. 女：世纪广场那个项目不是你在做吗？怎么又交给我了？
   男：刘经理说让我负责另一个项目。
   问：世纪广场的项目现在由谁来做？

10. 男：我在校运会100米短跑中取得了11秒02的成绩。
    女：唉，只差一秒就能创造新的纪录了！
    问：女的是什么语气？

11. 女：要不要给女儿开个账户，把爷爷奶奶给她的钱都存起来？
    男：没这个必要吧，存在你的卡里就行。
    问：男的是什么意思？

12. 男：你为什么会投资这样一个小公司呢？
    女：虽然他们现在的规模不大，但这种游戏软件将来的市场很大，一定会发展得很好。
    问：女的为什么投资给这个小公司？

13. 女：你新换的工作怎么样啊？
    男：虽然待遇一般，但是工作环境还可以，同事关系也不错。
    问：关于这个新工作，哪项是正确的？

14. 男：你好，这两种羽毛球有什么差别？
    女：贵的这种毛的强度更好，不容易折断，你可以先买一个试一下。
    问：男的在干什么？

15. 女：小刘，我现在走不开，能不能麻烦你帮我去幼儿园接一下宁宁？
    男：没问题，我很荣幸地接受这个任务。
    问：通过对话，可以知道什么？

16. 男：这种药您让我吃半年，会不会对胃有影响啊？
    女：你放心，这种药的成分比较温和，对胃的刺激不大。
    问：女的是做什么工作的？

17. 女：你买的锅怎么这么贵？都相当于我一个月的工资了。
    男：这种锅的锅底很厚，能保证受热均匀，非常适合煎、炸食物。
    问：关于这种锅，哪项是正确的？

18. 男：我最喜欢康熙皇帝，我觉得他的政治和军事能力都非常优秀。
    女：我喜欢唐朝皇帝李世民，因为唐朝是中国历史上文化最繁荣的朝代。
    问：他们在谈论什么？

19. 女：程先生，卫生间的水管子有点儿漏水，您能找人帮我修修吗？
    男：没问题。对了，快到月底了，可以把下个月的房租交一下吗？
    问：关于女的，哪种说法是正确的？

20. 男：这个实验表明，物理性质不同导致它们产生了不同的反应。
    女：嗯，我也同意。外面的天都黑了，我们都忘了吃饭的事儿了，要不先去吃饭吧。
    问：现在最可能是什么时候？

第二部分

第 21 到 45 题，请选出正确答案。现在开始第 21 题：

21. 女：小文，听你妈妈说你在学心算，我来考考你吧。
    男：好，一百以内的加减乘除都可以。
    女：28 的立方是多少？
    男：21952。
    女：我用笔来计算一下，哎呀，算得真准确啊！
    问：下面哪一项是正确的？

22. 男：长城真是太雄伟了，如果不来的话，非后悔不可。
    女：当然了，不然怎么说"不到长城非好汉"呢！
    男：我们在这儿拍个合影吧，回去给同学们看看。
    女：好，我去找个人帮我们拍。
    问：男的是什么意思？

23. 女：你好，上次在这儿买的围巾特别好，想再买一条送朋友。
    男：好，这些是我昨天刚进的，你随便挑。
    女：好像颜色跟上次的不太一样啊。
    男：每一批围巾的颜色不会完全一样，但材料、样式和质量都是相同的。
    问：这条围巾跟上一条有什么不一样？

24. 男：这个周末有个大型的相亲活动，我想去看看。
    女：天哪，这都公元 2013 年了，你还通过相亲找女朋友啊？
    男：你有必要表现得这么吃惊吗？我觉得相亲没什么不好的。
    女：反正我肯定不会去参加这样的活动。
    问：关于女的，可以知道什么？

25. 女：孔先生，我们终于见面了，很高兴见到您。
    男：维娜女士，见到您我也很荣幸。
    女：合同我看过了，没问题，明天跟你们总裁见面再讨论一下吧。
    男：如果双方意见一致，后天就可以签合同了。
    问：他们可能什么时候签合同？

26. 男：医生说，我爸爸的手术费需要二十万。
    女：那怎么办？咱们现在拿不出这么多现金。
    男：我想跟你商量一下，能不能先把咱家的车卖掉？
    女：行，车差不多能卖十五六万，剩下的钱咱们再想办法。
    问：根据对话，可以知道什么？

27. 女：你这一上午都打了十几个喷嚏了！
    男：没办法，我对花粉过敏。
    女：那可挺麻烦的，吃点儿治疗过敏的药吧。
    男：药物基本上没多大用，每年春暖花开的季节我都觉得很痛苦。
    问：现在大概是什么季节？

28. 男：我晚上不回来吃饭了，要加班。
    女：那我也不做饭了，你回来时帮我带两个包子吧。
    男：好，你帮我把那件蓝衬衫烫一下吧，我明天要穿。
    女：对了，预报说晚上有雨，你下了班打车回来吧。
    问：男的让女的干什么？

29. 女：教练，对手太强了，我可能打不赢她。
    男：小英，我们不是分析过了吗？她在灵活性和应变能力上不如你。
    女：但她是世界冠军啊。
    男：相信我，你的技术比她好，只要能调整好心理状态，肯定能拿下这场比赛。
    问：根据对话，下列哪项正确？

30. 男：桃看起来不错，多少钱一斤？
    女：这是今天早上刚刚送来的，非常新鲜，十五块钱一斤。
    男：太贵了，能不能便宜点儿？
    女：已经比别的店都便宜了，这是无锡阳山的水蜜桃，味道特别好。
    问：女的是什么意思？

第31到32题是根据下面一段对话：

   男：妈妈，老师说全世界的陆地面积只有29%。
   女：对呀，其余的71%都是海洋。
   男：如果没有海洋就好了，就能盖好多房子了。
   女：但是，海洋也有很多作用，你想想，大海有什么用呢？
   男：嗯，大海可以给我们提供好吃的东西。
   女：对，还有呢？
   男：还能提供金、银、铜等金属资源。
   女：最重要的是，海洋可以调节气候。

31. 男的觉得如果没有海洋，可以做什么？
32. 根据对话，海洋最重要的作用是什么？

第33到34题是根据下面一段对话：

   女：圆圆除了上课纪律不太好以外，别的方面表现都不错。
   男：纪律方面有什么问题？
   女：比如别的小朋友都听课呢，她就会站起来去拿个玩具什么的。
   男：我们也发现，她的注意力不太容易集中。
   女：刚上幼儿园，这种情况也算是正常的。
   男：那我们该怎么做呢？
   女：她看书、玩儿玩具的时候尽量不要打扰她，给她一个安静的环境。

33. 圆圆有什么问题？
34. 他们可能是什么关系？

第 35 到 36 题是根据下面一段话：

晚饭后，妻子让丈夫洗碗，丈夫洗了三只碗就去看电视了。妻子问："怎么不洗盘子和锅？"丈夫说："你不是只让我洗'碗'的嘛！"第二天，妻子做了丈夫最爱吃的羊肉和鸡翅膀，丈夫高兴地说："吃饭喽！"就冲到饭桌跟前，夹起了一块肉，忽然，筷子被妻子抢走了，妻子说："你不是要'吃饭'吗？怎么能吃肉呢？"

35．晚饭后，丈夫洗了什么？
36．妻子为什么不让丈夫吃肉？

第 37 到 38 题是根据下面一段话：

为了迎接国庆节和中秋节的到来，本商场举行打折优惠活动。活动时间从 2012 年 9 月 20 日至 2012 年 10 月 20 日，为期一个月。服装类商品打八折，其余商品全场九折销售。消费满 599 元可凭发票至七楼服务台领取一份精美的小礼物。另外，为了满足消费者的需要，国庆节期间营业时间延长至晚上 22 点 30 分。祝您购物愉快！

37．这次活动举行多长时间？
38．根据这段话，可以知道什么？

第 39 到 42 题是根据下面一段话：

传说古代有一个著名的画家。有一次，皇帝要装饰寺庙的墙壁，请他在上面作画。他画了四条龙，每一条龙的样子都不一样，而且都非常生动形象，看起来像活的一样，吸引了很多游人前来欣赏。但美中不足的是，这几条龙都缺少眼睛，于是大家一致要求他把龙的眼睛画上。画家说："不是我不想把眼睛加上去，如果我给它们画上了眼睛，它们就会飞走的。"大家不相信，画家实在推辞不了，只好给其中的两条点上了眼睛。谁知他刚把眼睛画完，天空中立即乌云滚滚，电闪雷鸣，一会儿就下起了大雨，两条被点睛的巨龙破墙而出，飞走了，而没有点睛的龙仍然留在墙壁上。

39. 皇帝请画家做什么？
40. 画家画的龙怎么样？
41. 画家为什么没给龙画眼睛？
42. 最后有几条龙飞走了？

第43到45题是根据下面一段话：

在提倡"绿色食品"的今天，农民家养的鸡下出来的土鸡蛋在城里越来越受欢迎。小言从中看到了商机，他大学毕业后，决定回家乡养鸡、卖鸡蛋。

过了半年，他收获了第一批鸡蛋。但是小言在推销鸡蛋时遇到了困难，大家都觉得鸡蛋太小而不愿意买。小言很奇怪，鸡蛋并不小啊？为什么大家会觉得小呢？这时，妹妹小雨走过来，给鸡喂食。看到妹妹的双手，小言明白问题出在哪儿了。从那以后，每当客人来买鸡蛋时，小言总是让妹妹去卖鸡蛋，结果客人再也不嫌鸡蛋小了。

原来，问题就在于小言的手又大又粗，鸡蛋放在他的手里就显得有些小了。相比之下，同样的鸡蛋放在小雨的手里就显得很大。在视觉效果上，差别很大，客人们当然愿意买小雨手里的鸡蛋。

43. 小言为什么要回家乡卖鸡蛋？
44. 客人们觉得小言的鸡蛋怎么样？
45. 小言为什么让妹妹小雨去卖鸡蛋？

听力考试现在结束。

HSK（五级）全真模拟试题（第6套）答案

一、听 力

第 一 部 分

1. A	2. B	3. B	4. C	5. D
6. C	7. A	8. B	9. C	10. D
11. A	12. B	13. C	14. C	15. A
16. B	17. D	18. B	19. C	20. A

第 二 部 分

21. C	22. B	23. C	24. D	25. A
26. C	27. C	28. B	29. B	30. D
31. A	32. B	33. B	34. D	35. D
36. A	37. B	38. C	39. B	40. D
41. B	42. C	43. C	44. D	45. B

二、阅 读

第 一 部 分

46. B	47. C	48. A	49. D	50. A
51. C	52. B	53. A	54. C	55. D
56. A	57. B	58. C	59. A	60. D

第 二 部 分

61. D	62. B	63. A	64. A	65. B
66. D	67. C	68. B	69. B	70. B

第 三 部 分

71. B	72. A	73. D	74. B	75. A

76．B 77．C 78．A 79．B 80．C
81．A 82．A 83．A 84．B 85．C
86．D 87．C 88．B 89．A 90．D

三、书　写

第 一 部 分

91．文章已经被删除了。

92．照片可以摆在书架上。

93．这个人简直单纯得不得了。

94．你别让对方承受压力。

95．他肯定不会坚持下去。

96．诗人都很爱幻想。

97．我们怀念大学的生活。

98．总统亲自召开了会议。

第 二 部 分

（略）

HSK（五级）全真模拟试题（第7套）答案

一、听　力

第 一 部 分

1．C	2．A	3．B	4．D	5．C
6．B	7．B	8．B	9．A	10．A
11．B	12．B	13．C	14．C	15．B
16．A	17．D	18．B	19．D	20．B

第 二 部 分

21．C	22．D	23．A	24．A	25．D
26．B	27．D	28．B	29．D	30．A
31．C	32．B	33．C	34．C	35．A
36．D	37．C	38．C	39．A	40．B
41．C	42．D	43．A	44．B	45．C

二、阅　读

第 一 部 分

46．B	47．C	48．A	49．D	50．A
51．C	52．A	53．A	54．C	55．D
56．D	57．C	58．B	59．A	60．D

第 二 部 分

| 61．A | 62．C | 63．A | 64．D | 65．B |
| 66．D | 67．D | 68．A | 69．C | 70．C |

第 三 部 分

| 71．B | 72．C | 73．B | 74．B | 75．D |

76．A	77．C	78．A	79．B	80．C
81．D	82．B	83．B	84．C	85．A
86．C	87．A	88．C	89．B	90．D

三、书　写

第 一 部 分

91．何必讽刺他呢？

92．鸽子纷纷飞到广场上。

93．他站起来打开大门。

94．闪电吓哭了孩子。

95．电灯的发明很伟大。

96．这个行业发展得非常繁荣。

97．兔子尾巴被蛇咬了一口。

98．肥皂可以杀死病毒。

第 二 部 分

（略）

HSK（五级）全真模拟试题（第8套）答案

一、听 力

第 一 部 分

1. C   2. C   3. B   4. D   5. A
6. C   7. A   8. C   9. D   10. D
11. A   12. B   13. C   14. B   15. A
16. D   17. B   18. D   19. B   20. A

第 二 部 分

21. C   22. D   23. A   24. C   25. A
26. C   27. C   28. B   29. D   30. D
31. A   32. C   33. D   34. C   35. D
36. A   37. C   38. C   39. B   40. D
41. B   42. D   43. C   44. A   45. B

二、阅 读

第 一 部 分

46. B   47. C   48. D   49. D   50. A
51. C   52. B   53. A   54. C   55. D
56. C   57. B   58. C   59. A   60. D

第 二 部 分

61. D   62. C   63. A   64. A   65. B
66. D   67. A   68. B   69. A   70. A

第 三 部 分

71. A   72. B   73. D   74. A   75. B

76. D	77. D	78. A	79. B	80. C
81. A	82. C	83. D	84. B	85. C
86. A	87. C	88. B	89. A	90. B

三、书　写

第 一 部 分

91. 这项任务很艰巨。
92. 工业革命使经济迅速发展。
93. 划船可以锻炼胳膊的力量。
94. 玩具枪被他摔坏了。
95. 这个解释不符合逻辑。
96. 30份试卷已经全部修改好了。
97. 总理热情地接待了外交访问团。
98. 千万别把墙上的广告撕掉。

第 二 部 分

（略）

HSK（五级）全真模拟试题（第9套）答案

一、听 力

第 一 部 分

1．D	2．C	3．B	4．D	5．C
6．A	7．A	8．B	9．C	10．B
11．D	12．C	13．A	14．B	15．D
16．C	17．B	18．C	19．D	20．A

第 二 部 分

21．A	22．D	23．C	24．B	25．D
26．C	27．A	28．D	29．C	30．B
31．A	32．D	33．A	34．D	35．B
36．C	37．A	38．C	39．B	40．A
41．B	42．C	43．B	44．A	45．D

二、阅 读

第 一 部 分

46．A	47．C	48．B	49．C	50．B
51．A	52．B	53．A	54．B	55．D
56．C	57．B	58．C	59．A	60．D

第 二 部 分

61．B	62．C	63．D	64．A	65．C
66．A	67．C	68．C	69．B	70．A

第 三 部 分

71．B	72．C	73．D	74．A	75．C

76. D	77. A	78. B	79. C	80. A
81. B	82. A	83. C	84. B	85. A
86. D	87. C	88. B	89. C	90. D

三、书　写

第 一 部 分

91. 这种说法太片面。
92. 生老病死是一个必然的规律。
93. 这个国家的人口已经达到了五亿三千万。
94. 过多的关怀让人有压力。
95. 妈妈是我最敬爱的人之一。
96. 很多步骤是不能省略的。
97. 这个国家曾经被其他民族统治过。
98. 别忘了把那张支票带着。

第 二 部 分

（略）

HSK（五级）全真模拟试题（第10套）答案

一、听　力

第一部分

1. B	2. C	3. D	4. C	5. B
6. C	7. D	8. B	9. A	10. B
11. C	12. B	13. A	14. C	15. C
16. A	17. B	18. B	19. A	20. D

第二部分

21. B	22. C	23. A	24. D	25. C
26. B	27. A	28. B	29. C	30. D
31. B	32. A	33. B	34. C	35. A
36. B	37. C	38. D	39. B	40. D
41. A	42. B	43. D	44. A	45. D

二、阅　读

第一部分

46. A	47. C	48. B	49. A	50. C
51. B	52. D	53. D	54. B	55. A
56. C	57. C	58. A	59. B	60. D

第二部分

61. C	62. A	63. D	64. C	65. D
66. B	67. C	68. A	69. D	70. C

第三部分

71. C	72. A	73. D	74. B	75. C

76. A	77. C	78. A	79. B	80. D
81. C	82. C	83. B	84. C	85. A
86. D	87. A	88. D	89. C	90. B

三、书 写

第 一 部 分

91. 残疾人得到了政府的关怀。
92. 我们面临着一个巨大的挑战。
93. 她被卡车撞伤了。
94. 讲笑话可以活跃气氛。
95. 她舍不得买这么贵的戒指。
96. 他的想法很天真。
97. 这个玩具设计得很巧妙。
98. 请把收据放到抽屉里面。

第 二 部 分

（略）

HSK（五级）全真模拟试题（第6套）题解

一、听　力

第 一 部 分

1. 女的说，"价格很便宜啊，门票、宾馆、交通、导游都包含在里面了"，男的说，"可吃饭不包啊"，也就是说，这个旅游计划虽然不包括吃饭，但是包含了大部分的项目。正确答案是 A。

2. 男的对女说："我的票是 18 号，您是不是坐错了？"这说明男的拿着票在找自己的座位号。正确答案是 B。

3. 女的对男的说，"第一天教书，一定要给学生们留下一个好印象"，这说明男的正准备去教课。正确答案是 B。

4. 男的对女的说，"跟你打招呼，你好像没看见我一样"，女的解释说，"我眼镜坏了，没戴眼镜，看不清楚"，也就是说，女的没跟男的打招呼是因为她没戴眼镜。正确答案是 C。

5. 女的让男的收被子，男的回答说："你放心吧，刚才一打雷我就把被子收进来了。"也就是说，男的已经提前收好了被子。正确答案是 D。

6. 男的看见女的肩膀不舒服，就对女的说，"喝点儿茶，歇会儿吧，身体最重要"，可以看出男的十分关心女的，对她很体贴。正确答案是 C。

7. 女的说，"老师说今天要准备好胶水、剪刀、水彩笔，明天要做明信片"，说明女的明天要做明信片，也就是做手工。正确答案是 A。

8. 女的说她买房子的时候"觉得卫生间比较大，书房和卧室外面的风景比较好"，这说明女的家卫生间比较大。正确答案是 B。

9. 女的想推迟几天回去，问男的怎么办，男的说："您的机票是可以改日期的，但需要交一定的费用。"这说明机票可以改日期，但是要加些钱。正确答案是 C。

10. 男的说："我忘带乘车卡了，你有零钱吗？"需要零钱或乘车卡乘坐的应该是公交车或地铁。女的建议说："自动售票机也接受五元和十元的整钱，你就让它找吧。"一般来说，公共汽车站没有自动售票机，所以他们最可能在地铁站。正确答案是 D。

11. 女的说："请大家到这边来看，这件是明朝皇后穿过的衣服，十分精美。"女的正在向大家介绍明朝皇后穿过的衣服，说明她可能是展览馆或博物馆里的解说员。正确答案是 A。

12. 男的发现梨都烂了，女的说："这几天天气突然转冷，大部分被冻坏了。"也就是说，梨是被冻坏的。正确答案是 B。

13. 女的对男的说："你的电话怎么一直在占线啊？家里有急事也联系不上你。""家里有急事"说明男的和女的是一家人。男的说老同学给自己打电话，还问候了女的。两人说话的态度比较亲密，因此男的和女的很可能是丈夫和妻子的关系。正确答案是 C。

14. 男的说自己怎么吃也胖不起来，女的说："真让人羡慕，我连喝水都能长胖，怎么也苗条不了。"这说明女的也希望能像男的那样长不胖。正确答案是 C。

15. 女的对父亲说，"我是去上大学，又不是去开商店"，通过这句话可以知道女的是要去上大学。正确答案是 A。

16. 男的问女的为什么不用新鼠标，女的说，"这新的用起来一点儿也不灵活"，也就是说新鼠标不太好用。正确答案是 B。

17. 女的让男的看看登机牌是不是放在相机包里了，男的说："我看看。啊！幸亏你提醒我。""幸亏"的意思是"由于别人的帮助或某些有利条件而得到了好处，或者是避免了不希望发生的后果"。这说明女的给男的的提醒是正确的、有帮助的，也就是说男的在相机包里找到了登机牌。正确答案是 D。

18. 男的说，"知道你最爱吃巧克力，所以特意买了花生巧克力"，男的准备了女的爱吃的东西，说明他对女的很关心。正确答案是 B。

19. 女的想在网上付款，男的说："你的银行卡还没开通网上支付的功能呢，如果你想在网上买东西，现在只能是货到付款。"这说明女的如果想在网上购物，唯一的支付方法就是货到付款。正确答案是 C。

20. 男的对女的说，"你的专业知识和能力都不错，可惜你没有工作经验"，这说明女的缺乏的不是专业知识和能力，而是工作经验。正确答案是 A。

第 二 部 分

21. 女的告诉男的小王的爸爸去世了，因为他抽了一辈子的烟，把肺抽坏了，并且提醒男的，"你也要注意啊"，这说明女的在用小王爸爸抽烟生病的事提醒男的，劝男的戒烟。正确答案是 C。

22. 男的问女的为什么最近总是看"天天美食"频道，女的说自己看美食类节目的目的是想模仿着做，这说明女的想学着做菜。正确答案是 B。

23. 女的想知道为什么光盘不用能了，男的首先建议把上面的灰尘擦干净再试试，但还是不行。男的说："你拿这张光盘试试，要是还不行，就可能是硬件的问题了。"这说明虽然男的在不停地试，但始终不能确定到底是什么问题。正确答案是 C。

24. 女的说自己的包是"去年委托朋友从国外带回来的，一百美元吧"，这说明女的买的包是国外进口的。正确答案是 D。

25. 女的对男的说:"难怪张教授总夸你,说你在学术研究上大有前途。"这说明张教授很欣赏男的,觉得他会在学术上有很大发展,可见男的是个人才。正确答案是 A。

26. 女的告诉男的商品广告编辑得已经差不多了,但是"打折商品的优惠日期还要确认一下",也就是说,女的需要确认的是打折商品的优惠日期。正确答案是 C。

27. 女的想在男的的公司打工,男的说,"我们公司有几个外国人,想找人教他们中文",并提出可以为女的"当面推荐推荐"。也就是说,男的建议女的做中文老师,给外国人辅导中文。正确答案是 C。

28. 男的说:"这趟在海边玩儿得真好",也就是说,男的刚从海边玩儿回来。正确答案是 B。

29. 女的让男的把蜡烛插上,男的说:"糟糕,忘了买火柴了。"正确答案是 B。

30. 男的说,"我记得小说里的人物浓眉大眼,身材高大",女的说,"这个演员虽然长得帅,可总感觉弱了一些",男的又说,"可见看电影真不如看小说"。由此可知,他们正在电影院看电影。正确答案是 D。

31. 女的吃了一点儿就饱了,男的对她说:"你跟你妹妹一样,爱吃零食,到吃饭的时候就吃不下了。"女的说:"舅舅,您真了解我啊!"这说明女的确实爱吃零食。正确答案是 A。

32. 男的问女的:"这次来有没有特别想去的地方?"女的回答:"名胜古迹我以前都去过了,这次想全面了解一下北京的胡同,为我的论文做准备。"这说明女的这次来北京想深入地了解北京的胡同。正确答案是 B。

33. 女的想要投资,男的表示支持,不过,男的说:"那我们得制订一个计划,注册、进货、销售都要好好考虑考虑,做生意要谨慎一点儿。"正确答案是 B。

34. 女的说,"我没做生意的经验,你可得多指导我",这说明女的需要男的帮助她、指导她。正确答案是 D。

35. 这段话提到有一个人来公司应聘,经理对这个应聘者说,"我们不能雇佣你",这说明他拒绝接收这名应聘者。正确答案是 D。

36. 这个求职的人被拒绝后,开玩笑地说:"我可以负责帮你们登记这些人的名字啊。"这说明他认为自己可以帮忙登记。正确答案是 A。

37. 说话人说,"我是旅游团的导游,我姓林"。正确答案是 B。

38. 说话人说:"希望在座的每一位团友都能配合我们的工作,爱护车厢里的清洁卫生。"这说明说话人希望大家都能爱护车内的卫生。正确答案是 C。

39. 这段话中提到李白"小时候不喜欢念书,常常逃学","逃学"的意思是在上课时间不上课,而是到外面去玩儿。正确答案是 B。

40. 这段话中提到,李白看到一位老婆婆正在磨一根铁棒就问她在做什么,老婆婆说,"我要把这根铁棒磨成一根针",这说明老人磨铁棒的目的就是想把铁棒变成针。正确答案是 D。

41. 这段话中提到李白不太相信能把铁棒磨成一根针。但老婆婆告诉他:"只要我天天磨,我的铁棒为什么不能变成针呢?""为什么不能……呢"是一个反问句,意思是"能……",这说明老婆婆觉得只要坚持到底就能成功。正确答案是 B。

42. 这段话中说,"老婆婆的话,让李白很惭愧"。正确答案是 C。

43. 这段话中提到这种游泳镜能够"自动显示游泳者游过的距离和圈数",也就是说,这种游泳镜可以记录距离。正确答案是 C。

44. 这段话中提到用了这种游泳镜后,运动员不用再花精力去记自己游过的距离圈数,"只需要集中注意力,提高自己的游泳技术就行了",也就是说,用了这种游泳镜后,运动员游泳时可以更加集中注意力了。正确答案是 D。

45. 这段话提到"目前这些电子设备的大小跟一块儿小石头差不多",但将来经过改进后"面积将和一枚一角钱的硬币一样大"。也就是说将来这些电子设备的大小会跟硬币一样。正确答案是 B。

二、阅读

第一部分

46. "疾病"的意思就是"病";"残疾"的意思是"身体的某一部分因为伤病而缺少或受损伤";"反应"的意思是"受到体内或体外的刺激而引起的相应的活动";"疑问"的意思是"不能确定或不明白的事情"。根据题意,四人中一人是盲人,一人是聋子,两人都是残疾人,而剩下的两个是"健全人",健全人就是身体没有任何残疾的人。正确答案是 B。

47. "晕"的意思是"感觉周围物体好像在转动,让人有要跌倒的感觉";"醉"的意思是"喝酒喝多后人不够清醒的状态";"摔"的意思是"将物体用力扔出或从一定的高度扔下";"恨"的意思是"十分厌恶并仇视"。根据题意,这个人抓着桥两边的绳子往前走,但走到一半就从桥上摔下去死了。正确答案是 C。

48. "平静"的意思是"安定和宁静";"幸福"作形容词的意思是"生活或境遇称心如意";"满意"的意思是"因为意愿得到满足而心情愉快";"天真"的意思是"单纯"。根据题意,这个盲人因为眼睛看不见,不知危险,所以他的内心觉得很安宁。正确答案是 A。

49. "受伤"的意思是"身体或物体部分地受到损伤";"移动"的意思是"位置发生变化";"治疗"的意思是"采取药物、手术等手段使疾病消失";"发抖"的意思是"由于害怕、寒冷或疾病等原因,身体不停地颤动"。根据题意,这个老人年纪大了,耳朵听不清,眼睛也快瞎了,身体经常发抖,所以会把汤泼在桌子上。正确答案是 D。

50. "食物"是"吃的东西";"饮料"是"可以喝的液体";"原料"是"没有经过加工制造的材料";"粮食"是"可食用的谷物、豆类和薯类的统称","粮食"是没有经过加工的,不能直接吃。根据题意,老人的儿子觉得老人太麻烦,吃饭时就把吃的东西放在一个破碗里让老人吃。正确答案是 A。

51. "甩"的意思是"挥动；抡"；"顶"的意思是"用头支撑或撞击物体"；"捡"的意思是"将物体从低处拿起来"；"滚"的意思是"一个物体在另一个物体上的接触面不断改变地移动"。根据题意，老人的碗落到地上碎了，小孙子就蹲在地上把碎片一片片地从地上捡起来。正确答案是 C。

52. 根据题意，儿子和儿媳妇原来对老人不好，孙子看父母这样，也打算长大后学习父母的样子，儿子和儿媳妇认识到了自己的错误，所以马上请老人回到桌子旁边，他们的态度发生了变化，变得尊敬和孝顺了。正确答案是 B。

53. "胡说"的意思是"没有根据地乱说"；"回忆"的意思是"想起以前的事情"；"谈判"的意思是"有关方面对要解决的重大问题进行会谈"；"推辞"的意思是"表示拒绝、不接受"。根据题意，朋友听了李明的话后很怀疑，觉得李明说的话没有根据，是在胡说。正确答案是 A。

54. "宣布"的意思是"公开并正式地告诉大家"；"寻找"是指"不停地找"；"消失"的意思是"事物渐渐减少以至没有"；"表明"的意思是"明确地表示"。根据题意，李明要恐龙肉，他的朋友笑了，因为恐龙六千万年前曾经在地球上生活过，可现在早就没有了。正确答案是 C。

55. "姿势"的意思是"身体的姿态和样子"；"特征"的意思是"可以作为人或事物特点的标志"；"现象"的意思是"事物在发展变化中所表现的外部形态和联系"；"表情"的意思是"从面部的变化上表现出来的内心的思想感情"。根据题意，服务员说完后，李明故意装出一副很失望的样子，这是一种表情。正确答案是 D。

56. 听到服务员说"抱歉"，李明问是不是卖完了，服务员说"只是不太新鲜，我实在不想看到您的身体出问题，所以不忍心卖给您"。说明肉还是有的，但是不太新鲜。所以正确答案是 A。

57. "急忙"是副词，意思是"匆忙、着急"；"迅速"是形容词，意思是"速度非常快"；"谨慎"是形容词，意思是"对外界事物或自己的言行密切注意，以免发生不利或不幸的事情"；"明显"是形容词，意思是"清楚地显露出来，容易让人看出或感觉到"。根据题意，孩子拿着一把金属勺子在调热牛奶，但他被烫了一下。如果传热传得慢，那不可能被烫着，这说明金属传热的速度非常快。正确答案是 B。

58. 根据题意，这个设计员看到一个小孩儿被金属的把儿烫到了，因此他想到把那些把儿换成传热慢的材料，他的这种想法是希望人们不再被烫到手。正确答案是 C。

59. "观察"的意思是"对事物进行长时间仔细的查看和了解"；"检查"的意思是"为了发现问题而用心查看"；"幻想"的意思是"以理想和愿望为依据，对没有发生的事进行想象"；"纪录"作为动词意思是"把听到的话或发生的事写下来"。根据题意，这个设计员跑了许多玩具商店，最后才开发成功了一种新的勺子，这说明设计员展开了长时间的观察和研究。正确答案是 A。

60. "构成"的意思是"组成、造成"；"描写"的意思是"描述事物或事情的发展过程"；"批准"的意思是"同意、允许进行"；"开发"的意思是"对资源进行改造和利用"，或者"发现人才并让他发挥才能"。根据题意，这个设计员经过长时间的市场研究，设计了一种新的勺子把儿。以前没有这种把儿，现在设计员开发出来了。正确答案是 D。

第 二 部 分

61. 短文中提到家长要想成为孩子的朋友，首先要"和孩子之间要保持平等的关系"，平等的关系需要双方相互尊重，所以家长应该尊重孩子。正确答案是 D。

62. 短文中提到"专家们设想在月球上建太阳能电站，把太阳能电池板大规模建设起来"，但这只是初步的设想，因为现在还有些问题无法解决。所以大规模建设还不可能。正确答案是 B。

63. 短文中提到一些年轻夫妻为了让婚姻保持新鲜,"周一至周五单独过,到了周末才一起过",也就是说,这些年轻夫妻到了周末才在一起。正确答案是 A。

64. 短文中提到现在手机能打电话、发短信、上网……而未来手机的用途可远远不止这些,可以是手上银行,还能远程控制家里的洗衣机和电冰箱,也就是说,未来手机的用途会更多。正确答案是 A。

65. 短文中提到主人没进屋,但狗就能感觉到主人回来了。因为人走路的习惯不同,脚步声也各有特点,狗可能是根据这些特征确定主人的。这说明狗是通过脚步声来判断外面的人是不是主人。正确答案是 B。

66. 短文中说,"如果一件事等待的时间比较长,同时结果也无法确定的时候,就用'猴年马月'来表示这段时间",也就是说,"猴年马月"表示时间很长。正确答案是 D。

67. 短文中提到这种"脚踩式洗衣机"早在十几年前就出现了,但是现在还没有流行起来。正确答案是 C。

68. 短文中说,"(中国功夫)注重姿势的准确,同时也追求精神上的表达,要求练习功夫的人做到身心统一"。也就是说,中国功夫不仅在形式上要求很高,而且也重视精神上的表达。正确答案是 B。

69. 短文中提到葡萄等紫色的蔬菜与水果含有一种叫花青素的成分,这种成分可以阻止心脏病和脑中风的发生。葡萄里面含有花青素,所以吃葡萄对心脏有好处。正确答案是 B。

70. 短文中提到一对夫妻买了一部旧车,常常要修。最近这车子又经过了一次大修后,还是走走停停。妻子很失望,但是丈夫却说经过大修后再推起来已经省力多了。面对不高兴的事,丈夫能看见积极的一面,这说明丈夫很乐观。正确答案是 B。

第 三 部 分

71. 短文一开始就提到,这个旅游者"在沙漠中迷路了"。正确答案是 B。

72. 短文中提到,旅游者原来想要吃梨,但他想留到最渴的时候吃,靠着这样的信念,旅游者握着梨走出了沙漠,一直到最后,他都没舍得吃。梨对于旅游者来说是支持他走下去的希望,是值得珍惜的。正确答案是 A。

73. 短文中提到,这个梨给了旅游者希望和勇气,因为有了这种希望,他才走出沙漠,救了自己的命。也就是说梨给了他走出沙漠的勇气和力量,所以作者认为希望能给人力量。正确答案是 D。

74. 短文中提到,这个人对朋友说想离开现在的公司,因为"一点儿升职的希望都没有"。升职意味着受到公司的重用,而这个人没有得到重用。正确答案是 B。

75. 短文中提到这个人的朋友支持他离开,但建议他不要选择现在,而是"利用在公司的机会,使劲儿去为自己寻找一些客户"。也就是说,朋友建议他抓住机会发展自己的客户。正确答案是 A。

76. 短文提到以前这个人要离开公司换个工作,他朋友劝他再呆一阵,发展自己的客户。半年后这个人的朋友告诉他:"现在是时候了,要跳槽就赶快行动吧!"这说明朋友觉得现在是离开的时候了,所以"跳槽"的意思就是离开自己现在的单位,去别的地方工作。正确答案是 B。

77. 短文的最后提到"要想得到重视,获得更多的机会,首先自己必须努力付出"。也就是说,要想获得升职,得到重视,要努力付出。正确答案是 C。

78. 短文中提到,张海迪 1983 年开始文学创作,先后翻译了数十万字的英语小说,还编辑或创作了一些书籍,这说明张海迪热爱写文章。正确答案是 A。

79. 短文中提到张海迪曾经学过"大学英语、日语、德语和世界语"等语言，也就是说，她曾经学过外语。正确答案是 B。

80. 短文中提到张海迪的书《生命的追问》"出版不到半年，就重印了三次"，这说明她的书很受大家的欢迎。正确答案是 C。

81. 短文中说，"为了对社会做出更大的贡献，她先后自学了十几种医学专著，同时向有经验的医生请教，学会了中医的针灸，为老百姓免费治疗达一万多人次"。也就是说，张海迪学医的目的是想为社会作出贡献，为老百姓服务。正确答案是 A。

82. 短文说的是张海迪的身体有残疾，但她一直在努力，学习了很多门外语，还考上了硕士，坚持写书创作，并自学中医帮老百姓治病，所以短文讲的是张海迪努力奋斗的人生过程。正确答案是 A。

83. 短文中提到，这项调查"收集了这些家庭的男性分担家务、购物、照看孩子等情况的数据"，数据显示，男性中"24%仅分担一项"。正确答案是 A。

84. 短文中提到"1975 年以来，众多女性走出家门，使得劳动力市场结构变化"，这说明劳动力市场结构变化是因为女性参加工作了。正确答案是 B。

85. 短文中提到"虽然女性外出工作可能影响家庭稳定，离婚风险会随着男性分担家务数量的增加而大大降低"，这说明女性外出工作可能会影响家庭的稳定，但如果男性分担家务就会使离婚风险降低。正确答案是 C。

86. 短文提到，"无论女性是否工作，男性分担家务可以使婚姻更稳定"。这说明丈夫分担家务可以使婚姻家庭更美好。正确答案是 D。

87. 短文中提到，中国人尊老敬老会体现在对老人的称呼上，比如说称老人为"老先生"。也就是说喊老人"老先生"是表示人们对老人的尊敬。正确答案是 C。

88. 短文中提到，现在很多中国老人"生活质量高，身体好，普遍显得年轻"。这说明现在很多中国老人生活得很好。正确答案是 B。

89. 短文中提到，很多外国老人虽然满头白发了，但"心态却仍然很年轻，对于新事物也勇敢地去接受"，这说明作者认为很多外国老人的心态很年轻。正确答案是 A。

90. 短文说的是，现在中国出现了叫老人"老哥"的称呼方式，这样称呼老人可以让老人感受到青春的气息，就像外国人总是称呼老人为"先生"和"女士"一样。这说明短文主要谈的是对老人的新称呼。正确答案是 D。

三、书 写

第 一 部 分

91. 这个句子是"被"字句,"被"字句的一般格式为:主语+"被"(+宾语)+动词+其他成分。这个句子的主语应该是"文章",谓语是"删除"。"已经"是副词,放在"被"的前面,语气助词"了"放在句子末尾。正确答案是"文章已经被删除了。"

92. 这个句子的主语是名词"照片",谓语是动词"摆",介词"在"和"书架上"组成介宾结构做补语,放在"摆"的后面。助动词"可以"放在动词"摆"的前面。正确答案是"照片可以摆在书架上。"

93. 这个句子的主语是"这个人",谓语是形容词"单纯"。"简直"是语气副词,放在谓语"单纯"的前面。助词"得"和"不得了"组成程度补语,放在谓语"单纯"的后面,表示程度很深。正确答案是"这个人简直单纯得不得了。"

94. 这个句子是使用"让"的兼语句,格式一般为:主语+让+宾语1+谓语(+宾语2)。句子的主语是代词"你",宾语1是"对方",谓语是动词"承受",宾语2是"压力"。否定副词"别"用在动词"让"前面。正确答案是"你别让对方承受压力。"

95. 这个句子的主语是代词"他",谓语动词是"坚持",助动词"不会"放在谓语"坚持"的前面。"肯定"是副词,放在助动词"不会"前面。"下去"作趋向补语,放在"坚持"的后面。正确答案是"他肯定不会坚持下去。"

96. 这个句子的主语是名词"诗人",谓语是动词"爱",宾语是"幻想"。"都"和"很"都是副词,放在谓语动词前,顺序为表示总括的副词"都"在前,表示程度的副词"很"在后。正确答案是"诗人都很爱幻想。"

97. 这个句子的主语是名词"我们",谓语是动词"怀念",宾语是名词"生活"。"大学的"放在"生活"前作定语。正确答案是"我们怀念大学的生活。"

98. 这个句子的主语是名词"总统",谓语是动词+助词"召开了",宾语是名词"会议"。"亲自"是副词,修饰动词"召开"。正确答案是"总统亲自召开了会议。"

第 二 部 分

99. 在这五个词语中,由"大象"这个名词可以知道短文的内容跟动物有关,所以短文的地点可能是在动物园。"调皮"是大象的个性,"观众"说明该话题跟表演有关,"逗"表示通过一些动作表情让对方高兴开心,跟表演的效果有关,"打招呼"则有可能与表演的动作有关。

    参考答案:
    今天我们全家一起去动物园看大象表演了。其中有一头小象,特别调皮。它出来的时候,一边走一边点头,向观众们打招呼。它还表演了吃香蕉,吃完了它就把香蕉皮扔得高高的,全场观众都被它逗得十分开心。

100. 这张图上有一台照相机的图案,上面却使用了"禁止"标志,意思是此处"禁止照相"。一般来说,有这种图标的地方往往是在博物馆或展览中心等。

    参考答案:
    这是一个禁止照相的标志。现在有了数码相机,拍照十分方便。不过,在博物馆、美术展览馆等地,为了保护一些文物或者艺术品,你会看到这样的标志。这时,你应该自觉地收起照相机,遵守规定。

HSK（五级）全真模拟试题（第7套）题解

一、听　力

第 一 部 分

1. 女的说"很快就要决赛了"，问男的胳膊上的伤怎么办，男的说："这点儿伤算什么！别担心，我自己能克服的。""克服"的意思是"战胜（缺点、坏习惯、不好的现象或不利的条件等）"。也就是说，男的觉得他胳膊上的伤不是什么大问题，他自己能够战胜这个困难，一定会参加比赛的。正确答案是 C。

2. 男的说最近的黄金市场太疯狂了，三天时间就涨了百分之十，女的说市场有涨的时候就有落的时候，所以劝男的趁现在黄金大涨，赶紧把手上的黄金卖了。正确答案是 A。

3. 女的说："这些项链虽然是复制品，但很有古代的风格。"男的说如果不是听了解说员的讲解，他真的以为那些项链是真正的古代项链。由此可知，他们正在一个展示古代项链复制品的展览馆内。正确答案是 B。

4. 男的说离会议结束还有两分钟，请余经理简单概括一下大家的发言，女的说大家在今天会议上提的意见虽然很尖锐，但是也很坦率，并希望"今后的会议都像今天一样实在"。"尖锐"的意思是"认识或观察问题很深刻"；"坦率"的意思是"说话或行动很直接，不担心有什么不好的结果"；"实在"的意思是"真实的，不是假的"。也就是说，女的认为今天大家提的意见很有道理，而且每个人提意见的时候都很直接，希望以后的会议大家也能提出真实的意见。正确答案是 D。

5. 女的问男的他的儿子小时候吃了什么，为什么现在长得那么结实。"结实"的意思是"身体健康，强壮"，男的说，"小时候都是姥姥帮忙照顾的"，姥姥家在农村，他的儿子每天在外面玩儿，把身体锻炼得很结实。由此可知，因为在外面玩儿得多，他儿子的身体得到了锻炼。正确答案是 C。

6. 男的说:"任何电器都有寿命,您这台电视机都用了十年了,该换了。"女的让男的还是帮她再修一下,也许还能用一两年。也就是说,女的想修好这台旧电视机。正确答案是 B。

7. 女的说"牛仔裤、棉衣、袜子、手套都装包里了",矿泉水在路上喝,并提醒男的千万不要忘了拿录取通知书,男的让女的赶快下车,表示"一到学校立刻就给家里报平安"。由此可知,男的正在车上准备去学校。正确答案是 B。

8. 男的说这只是他个人的观点,肯定不太完整,还需要补充,请女的提意见。女的说男的已经考虑得很全面了,很多问题她之前都没有想到。由此可知,女的对男的提出来的观点很满意,对他的能力感到佩服。正确答案是 B。

9. 女的说:"我估计小偷是打破玻璃进的房间。"男的说有可能,并说小区安装了摄像头,等他们看过录像以后就能知道答案了。由此可知,男的很可能是警察。正确答案是 A。

10. 男的叫女的"张医生",并说:"最近我总是腰酸腿疼的。"女的说这是他的老毛病,没什么大问题,并让男的多活动。由此可知,他们是医生和病人的关系。正确答案是 A。

11. 女的说"这座古塔的台阶比较窄",让大家慢慢上,等上去以后再拍照,男的说他年龄大了,就不上去了,"在下面帮大家看行李"。也就是说,男的打算在下面帮大家看行李,等候大家。正确答案是 B。

12. 男的说女的钓鱼不是他的对手,女的说她认输,但是她"从来没钓过鱼","今天的成果也算不错了"。也就是说,虽然她今天是第一次钓鱼,但也钓到了鱼。正确答案是 B。

13. 女的问为什么今天加油站排长队,男的说因为"明天汽油价格又要调整了",他昨天晚上就加满了。也就是说,明天汽油价格又要上涨。正确答案是 C。

14. 男的问女的九月份的考试是不是取消了，并说他问别人的时候，每个人说的都不一样，女的说现在"想得到确切的消息"，到网站上查看一下就可以了。也就是说，女的建议男的上网去确认一下关于考试的消息。正确答案是C。

15. 女的说她一上台表演就感觉"舌头就像不是自己的似的"，也就是说，她一上台表演就紧张得说不出话来。男的说，"面对观众肯定会紧张"，只要尽力就可以了，并让女的再喝口水，放松一下。由此可知，男的在鼓励女。正确答案是B。

16. 男的说他采访了几十位老戏剧家，"并把他们的演唱完整地录了下来"，女的感谢男的"为中国戏剧所做的这一切"，并说男的提供的这些老戏剧家演唱的录音对于中国戏剧的学习和研究非常有帮助。正确答案是A。

17. 女的让男的把广播的声音开大点儿，广播里报道说："摩托车和卡车相撞，两死一伤"，男的说难怪堵车堵得那么长，但是"听到这种消息总让人怪难受的"。也就是说，因为发生了严重的车祸，所以他们在路上堵车了。正确答案是D。

18. 男的说他又忘带零钱了，上周五借女的的钱还没有还，女的说不用着急，这周三晚上有聚会，到时候再给她就可以。正确答案是B。

19. 女的问男的她"把眉毛画淡一点儿是不是更加自然"，男的说女的怎么画都很好看，不管女的把眉画浓一点儿还是画淡一点儿都很有魅力。由此可知，男的正在夸女的漂亮，很有魅力。正确答案是D。

20. 男的说保险箱是很保险，但是他怕自己"忘了保险锁的密码"，女的让男的"最好把密码记在电脑里"，因为"人脑有时还不如电脑保险呢"。也就是说，女的建议男的把密码记在电脑里，这样就不用担心忘记了。正确答案是B。

第 二 部 分

21. 女的担心女儿一个人在国外没人照顾，还说女儿从小没离开过她，又不太会和别人交往。男的说正是因为这样，才更需要让女儿出去锻炼锻炼。由此可知，母亲对于女儿一个人在国外很担心。正确答案是 C。

22. 男的说自己一年中有半年时间在国外，问女的哪种电信服务适合他。女的向他推荐了一种服务，"打国际长途能省百分之五十"。也就是说，用这种服务打长途很省钱。正确答案是 D。

23. 女的告诉男的他们的钢琴班"随时可以开始"，一节课半个小时收七十块钱，是"一对一教学"。"一对一教学"意思是一位老师教一个学生。正确答案是 A。

24. 女的让男的趁热把菜包吃了，男的说这种菜包味道很不错，问女的是不是在张记买的。女的说是的，还说张记的菜包口味很独特，每次买都要排队等。也就是说，张记的菜包很受欢迎，买的人很多。正确答案是 A。

25. 男的说他妻子在休息，问女的找她有什么事，女的说自己姓李，和男的的妻子是老同学，请男的转告他妻子，她来南京了。正确答案是 D。

26. 女的觉得那个成语"太抽象了"，"抽象"的意思是"不能具体体验到的"，虽然男的重复了一遍，但她还是不懂，男的给女的看了一段动画后，女的就明白了。所以女的是通过看动画明白的。正确答案是 B。

27. 女的建议坐船，男的说坐船还不如坐飞机，"几个小时就到了"，女的说坐船的感觉和坐飞机的感觉是完全不同的。男的说那就先不签合同，回家"征求一下儿子的意见"再决定。由此可知，他们最有可能在旅行社。正确答案是 D。

28. 男的从女的的店里买了两个馒头以后，向女的询问人民医院怎么走。也就是说，男的想找医院。正确答案是 B。

29. 女的看见前面一辆车开得"歪歪斜斜"的，还闯了红灯，后来撞到了树上，男的估计开车的人喝醉了，打电话给122，叫交通警察来处理。由此可知，男的准备报警。正确答案是 D。

30. 男的说这部电影让他想起了和女的第一次牵手时的情景，女的说这部电影也让她想起了以前的那个年代。也就是说，电影引起了他们的回忆。正确答案是 A。

31. 男的说他今天过来是办理保险的。后文又提到曾经向牛经理买过保险。由此可知，男的是来买保险的。正确答案是 C。

32. 男的说他姓"章"，"牛经理"跟他约了今天这个时间，他过来买"少儿万能险"。女的说牛经理现在在跟一个客户谈话，十分钟后到。也就是说，男的来之前已经和牛经理预约过了。正确答案是 B。

33. 男的说他现在还没达到没有字幕就能看懂外国电影的水平，所以要靠看中文字幕才能看懂。由此可知，男的能看懂英文电影是因为他一边听英文一边看中文字幕。正确答案是 C。

34. 女的建议男的如果想提高听力，就"把字幕去掉"。也就是说，女的建议男的取消字幕。正确答案是 C。

35. 录音中提到王可的爷爷在第二次世界大战时是开飞机的，有一次他的飞机被敌人打中了。由此可知，王可的爷爷是一个军人。正确答案是 A。

36. 老师听了王可讲的故事以后说王可的爷爷"真是了不起"，"了不起"的意思是"非常厉害，不平常"。正确答案是 D。

37. 录音中提到海南大部分地区降雨量大是因为"受冷空气和热带系统的影响"。正确答案是 C。

38. 录音中提到，15日到16日，"受补充南下的冷空气影响"，东北、华北等地区气温会下降4到8度，同时大部分地区还会有4到6级大风。16日起，"又有一股冷空气"会影响这些地区，气温会下降3到4度。也就是说，最近华北地区会连续两次降温。正确答案是 C。

39. 录音中提到邻居让杨子派几个学生帮他找丢失的羊。由此可知，杨子是一位老师。正确答案是 A。

40. 录音中提到杨子的邻居是放羊的，他丢了一只羊以后，让杨子派几个学生帮他找丢失的羊。也就是说，杨子的邻居请杨子派人帮忙。正确答案是 B。

41. 录音中说在找羊的路上，邻居每遇到一条小路就派一个人去寻找，最后只剩下邻居一个人走大路，他遇到小路以后也只好选择了一条去寻找，但是很快"前面又有小路"，其他找羊的人也遇到了同样的情况。也就是说，小路太多，人手不够用。正确答案是 C。

42. 杨子听了路上发生的事情以后，说这件事让他想到"追求真理也同这种情况一样，一旦失去了方向，很可能最后什么也得不到"。也就是说，不管做什么事，方向都很重要。正确答案是 D。

43. 录音中提到生活经常发生这样的事情：想看电视，却找不到电视遥控器；找到电视遥控器，又找不到网络电视盒的遥控器；找到网络电视盒的遥控器，又可能找不到 DVD 的遥控器。"这些遥控器，常常被我们用后就随手乱扔。"由此可知，生活中我们经常找不到遥控器。正确答案是 A。

44. 录音中提到这个人发现，市场上卖的盒子有专门卖纸巾的和专门装遥控器，但没有把纸巾和遥控器装在一起的盒子。正确答案是 B。

45. 录音中提到这个人发明了一种可以同时装纸巾和遥控器的盒子，这种盒子很实用，价格也不高，很受人们欢迎。正确答案是 C。

二、阅 读
第 一 部 分

46. "意义"的意思是"价值、作用";"耐心"作名词时的意思是"能忍耐,不急躁的性格";"原则"的意思是"说话或办事所依据的标准";"制度"的意思是"大家应该共同遵守的办事规则或行为规则"。根据题意,小儿子开始投球的时候一点儿也不着急,他把篮球架降得很低,然后不怕麻烦地一次又一次地练习着投球,说明他很有耐心。正确答案是 B。

47. "综合"的意思是"把事物的各个部分归纳成一个整体";"应用"的意思是"在生产或生活中使用";"重复"的意思是"再一次或多次做同样的事情";"享受"的意思是"在物质或精神上得到快乐和满足"。根据题意,小儿子刚开始把篮球架降得很低,然后耐心地一次又一次地投着,等他十个球都能投进的时候,他就把篮球架升高一点儿,继续做着同样的练习。正确答案是 C。

48. "状况"的意思是"事物表现出来的情况(可以用来指人)";"形势"的意思是"事物发展到某个阶段时的情况(不可以用来指人)";"题目"的意思是"练习或考试时要求回答的问题";"配合"作名词时的意思是"几个人或几方面分工完成同一件事"。根据题意,过了一段时间以后,父亲去看他两个儿子各自的情况,发现"小儿子已经能投得很高了,大儿子却只能在很低的地方投球"。正确答案是 A。

49. "兴趣"的意思是"对人或事物非常喜爱的情绪";"背景"的意思是"照片或图画里主要事物后边的景物、环境,也比喻背后所依靠的力量";"理由"的意思是"做一件事情的原因或道理";"资格"的意思是"做某件事情所需要的条件、经历、身份等"。根据题意,他辛苦了一年写出来的论文被专家否定了,他的心里觉得很不平衡,认为专家没有评论自己论文的资格。正确答案是 D。

50. "踩"的意思是"脚底接触地面或物体";"摸"的意思是"用手轻轻地接触一下物体或接触后轻轻地移动";"摇"的意思是"使物体来回动";"转"的意思是"绕着某个物体移动"。根据题意,老人无法过河,因为河里的石头上长满了青苔,老人的脚底一接触石头就会滑倒。正确答案是 A。

51. "保留"的意思是"使继续存在";"比较"的意思是"把几个事物放在一起,看看是否相同或者有什么差别";"责备"的意思是"批评";"处理"的意思是"安排(事物);解决(问题)"。根据题意,他听完老人的话以后看了看河里的石头,又看了看老人身旁的草,然后告诉老人说没必要批评那些石头,只要在脚上捆上一些草就不会滑了。正确答案是 C。

52. 根据题意,老人之前一直在怪那些石头,却不想办法过河,这样其实一点儿用也没有。这让他发现自己也只是一直在责怪那些专家,却没有想办法好好修改自己的论文。正确答案是 A。

53. "模仿"的意思是"照着样子学着做";"强调"的意思是"特别着重地提出";"启发"的意思是"通过举例、提示等引起对方的思考,打开对方的思路";"评价"的意思是"评定价值的高低"。根据题意,这种鸟儿经过训练之后,可以学人说话。正确答案是 A。

54. "不得了"的意思是"表示情况严重或程度很高";"了不起"的意思是"成绩非常突出,不平常";"不耐烦"的意思是"觉得烦,讨厌";"来不及"的意思是"时间不够,做某件事太晚了"。根据题意,虫子天天不停地叫,小鸟天天听,觉得虫子很讨厌,很烦,就生气地对虫子说"吵死了"。小鸟是"不耐烦"的态度。正确答案是 C。

55. "叙述"的意思是"(把看到的或听到的)记下来或说出来";"询问"的意思是"(向有关的人)打听或征求意见";"显示"的意思是"清楚明白地表现出来";"体现"的意思是"态度、特点等通过某一个具体的事物表现出来"。根据题意,虫子笑话小鸟只会说别人的话,而它表达的都是自己的观点,并通过这些观点来表现自己的态度。正确答案是 D。

56. 根据题意，小鸟听了小虫的话以后，"惭愧地低下了头"。"惭愧"的意思是"知道自己有错或没有做到应该做的事而感到不安"。也就是说，小鸟再也不觉得自己厉害了。正确答案是 D。

57. "温柔"的意思是"（性格等）温和"；"讲究"的意思是"要求很高，很精美"；"发达"的意思是"（经济、事业等）发展的水平很高，很繁荣"；"民主"作形容词的意思是"符合民主原则的"。根据题意，牛仔裤诞生的地方经济发展水平不太高，工人和农民比较多，常常要干重活儿。正确答案是 C。

58. "执行"的意思是"按照决定、命令等行动"；"劳动"的意思是"进行体力劳动"；"交际"的意思是"人和人之间进行交往"；"解放"的意思是"去掉限制，使获得自由"。根据题意，那些地区的工人和农民比较多，他们常常要干很费力气的体力劳动，在干这些体力活儿时，需要穿结实的裤子。正确答案是 B。

59. "纪念"作名词时的意思是"表示纪念的东西，纪念品"；"奇迹"的意思是"让人想象不到的，不一般的事情"；"身份"的意思是"指人在社会上或法律上的地位、资格"；"商品"的意思是"可以买卖的东西"。根据题意，去那个地方旅行的人们发现了这种裤子，所以他们就会把牛仔裤当作旅行的纪念品。正确答案是 A。

60. 短文中说，牛仔裤变成了休闲裤，进入了人们的生活。最后又说牛仔裤"又实用又漂亮，穿起来很精神"，所以（60）中的内容应该是讲牛仔裤一直受人欢迎。正确答案是 D。

第 二 部 分

61. 这段话提到要培养孩子的注意力，家长首先要给孩子"安排一个安静的小环境"，其次，孩子学习的时候，家长不要随便打扰孩子，如果有什么要求，也要等孩子学习完之后再提出来。正确答案是 A。

62. 这段话说中国人均拥有的水资源只是世界平均水平的四分之一,"但中国人的用水量却十分巨大",所以大中城市普遍面临严重缺水的问题。正确答案是 C。

63. 这段话说在每天吃细粮的同时,吃适量的玉米、小米、绿豆和红豆等粗粮,"能保证我们消化系统正常运动,从而降低心脑血管病的风险"。也就是说,粗粮能够促进消化。正确答案是 A。

64. 这段话提到数码相机不再需要使用传统的化学暗房,可以用打印机直接打印照片,这使得摄影艺术"走进了普通老百姓的生活",也是数码相机除了保护环境以外最值得肯定的优点。由此可知,数码相机比传统相机更环保。正确答案是 D。

65. 这段话说主人出去旅行的时候,"可以把宠物委托给'亲亲宠物公寓'照顾"。"委托"的意思是"请人替自己做事或把事情交给别人去做"。服务员在宠物吃完早餐后会清洁每个房间,晚餐后会轮流带宠物出去散步。正确答案是 B。

66. 这段话提到中国象棋用具简单,玩儿的时候只需要两个人,而且它趣味性强,在中国已经成为一种非常广泛的体育活动。正确答案是 D。

67. 这段话说大部分中国人都喜欢红色,从民族心理上讲,红色"表达出了一种热情勤奋的态度,这正是中国人最欣赏的"。也就是说,中国人很欣赏热情勤奋的人。正确答案是 D。

68. 这段话说八位神仙过东海的时候,"有的坐在花篮里","有的用自己的乐器"。也就是说,每位神仙都有各自的本领。正确答案是 A。

69. 这段话说:"据统计,到 2011 年底,中国信用卡发卡量为 2.85 亿张,比上年同一时期增长 24.3%。"也就是说,信用卡的发卡量增加得非常快。正确答案是 C。

70. 这段话提到小吴以为那个向他挥手的人是一个很久没见的客户，就一直对他笑。对方着急地对他喊，他才明白对方是在提醒他油箱的盖子忘了关了。正确答案是 C。

第 三 部 分

71. 短文中提到面对考官首先要自信大方，要保持自己的个性，坦率地与人交流，保持自己独立思考的能力。正确答案是 B。

72. 短文中说"承认错误更能证明你是一个谦虚诚实的人"。正确答案是 C。

73. 短文介绍了招聘过程中，考官会重视的三个问题，第一要自信，第二要诚实，第三要能承认错误。由此可知，短文主要谈的是关于招聘的话题。正确答案是 B。

74. 短文中提到一个年轻人穿着破烂的衣服在路边卖旧书，在寒风中吃着发霉的面包，"有着同样苦难经历的富商十分同情他"。也就是说，富商以前的生活也像年轻人一样艰苦，所以他很同情年轻人。正确答案是 B。

75. 短文中提到富商对年轻人说："其实，你和我一样也是商人"，这句话使得年轻人找回了自尊和自信，"从而创造了今天的成绩"。正确答案是 D。

76. 短文中提到那个年轻人两年后变成了一位书商，在一次商业会议上遇到了富商，并向他表示感激。因为年轻人曾以为自己这一生只能在路边卖旧书，但是富商的话让他找回了自尊和自信，并改变了他的命运，使他取得了现在的成功。正确答案是 A。

77. 短文中提到富商对年轻人的尊重使年轻人重新找回了自尊和自信，并取得了后来的成功，所以作者最后说，尊重别人"可以给人克服困难的信心"。正确答案是 C。

78. 短文中提到周杰伦很小就对音乐很"敏感","敏感"的意思是"感觉很灵敏,反应很快"。他学钢琴的时候非常努力,对钢琴"很疯狂"。也就是说,周杰伦非常喜欢弹钢琴。正确答案是 A。

79. 短文中提到文艺界非常注重外表,而周杰伦自己也说女歌迷不会说他帅,她们常说喜欢他的音乐,被他的音乐所吸引。所以,很多人开始时想不到周杰伦在文艺界会那么成功,感到很吃惊。正确答案是 B。

80. 短文中提到,根据妈妈的回忆,"周杰伦在学会走路前,就对音乐很敏感"。正确答案是 C。

81. 短文中提到一个朋友帮周杰伦报名参加了一个节目,但是周杰伦不敢自己一个人表演,就给一个想当歌手的朋友写歌。正确答案是 D。

82. 短文中说周杰伦在那次节目之后签了合同,专门为歌手写歌,后来他又被发现,"从幕后走到台前"。也就是说,后来他开始自己唱歌,并且成为亚洲最流行的歌手之一。正确答案是 B。

83. 短文中提到这两对恋人成长背景、年龄大小和交际过程都差不多。正确答案是 B。

84. 短文中说第一个姑娘每个周末都收到玫瑰花,所以在情人节那天收到玫瑰花以后表现得很平静,而且还觉得别人收到的花更漂亮。也就是说,她不太满足。正确答案是 C。

85. 短文中说另一个姑娘平时没有收到过玫瑰花,当她在情人节那天收到花时,"表现得极其兴奋",与她的男朋友紧紧地拥抱在一起。也就是说,那个姑娘非常高兴,也很感激她的男朋友。正确答案是 A。

86. 这篇短文通过两对恋人在情人节送花的实验,告诉我们在人与人的交往中,"对于'给'的一方来说,要懂得'给'应该是平等、及时、适当的。而对于'受'的一方来说,要懂得感激",这样才会得到更多的快乐和幸福。也就是说,文章主要谈的是"给"和"受"。正确答案是 C。

87. 短文中说许多人的烦恼都来自一个错误的观念,那就是:我们必须做得完美才能得到别人的尊敬,才能走向成功。正确答案是 A。

88. 短文中提到人生不是射击比赛,也不是下棋,而"更像是一场足球比赛",在这场"比赛"中,最强的队也有可能会失败,最弱的队也会有胜利的一天。正确答案是 C。

89. 短文中说每个人天生就有各种各样的不足,而人生中也会有很多的遗憾,但重要的我们能够坚持追求理想,并在追求中享受这个过程。正确答案是 B。

90. 作者认为虽然我们的人生中会有种种遗憾,但我们"仍然能坚持追求理想",并在追求中享受这个过程,这样的人生虽然不一定完美,但至少是完整的,而完整的人生就是成功的人生。正确答案是 D。

三、书 写

第一部分

91. 动词"讽刺"和代词"他"可以组成动宾短语,语气助词"呢"常放在句末,副词"何必"作状语应放在动词"讽刺"的前面。正确答案是"何必讽刺他呢?"

92. 名词"鸽子"可以作句子的主语,动词"飞"可以作谓语,副词"纷纷"可以修饰动词"飞",动词"到"可以作结果补语,放在"飞"的后面,"广场上"可以作句子的宾语。正确答案是"鸽子纷纷飞到广场上。"

93. 这个句子中的动词是"站"和"打开","起来"可以放在动词"站"的后面作趋向补语,组成"站起来"。这两个动词可以构成连动句"……站起来打开……"。主语应该是代词"他",宾语应该是"大门"。正确答案是"他站起来打开大门。"

94. 动词"吓"可以作句子的谓语,主语应该是名词"闪电","孩子"可以作宾语,"哭了"作结果补语应放在"吓"的后面。正确答案是"闪电吓哭了孩子。"

95. 名词"发明"可以作句子的主语,形容词"伟大"可以作谓语,名词"电灯"可以作"发明"的定语中间要加结构助词"的",副词"很"作状语应放在"伟大"的前面。正确答案是"电灯的发明很伟大。"

96. 名词"行业"可以作句子的主语,动词"发展"可以作谓语。"这个"作定语应放在名词"行业"的前面,副词"非常"可以作状语,放在形容词"繁荣"的前面,结构助词"得"和形容词"繁荣"可以合在一起作"发展"的情态补语。正确答案是"这个行业发展得非常繁荣。"

97. 这个句子中有一个介词"被",很可能组成"被"字句。"被"字句的一般结构是:主语+"被"(+宾语)+动词+其他成分。"兔子尾巴"可以作句子的主语,名词"蛇"可以作"被"的宾语,动词是"咬",数量短语"一口"可以放在"咬"的后面表示动作的数量。正确答案是"兔子尾巴被蛇咬了一口。"

98. 名词"肥皂"可以作句子的主语,动补短语"杀死"可以和名词"病毒"组成动宾短语,助动词"可以"应放在动词"杀"的前面。正确答案是"肥皂可以杀死病毒。"

第 二 部 分

99. 通过"治疗"和"诊断"这两个动词可以看出短文的主要内容是关于看病方面的,名词"胃"可以用来说胃有什么问题,形容词"温柔"可以形容医生的态度,动词"消化"可以用来讲主要是哪方面的病。

    参考答案:
    最近我的胃有些不舒服,就去学校附近的医院看病。给我看病的女医生说话很温柔,态度非常好。她诊断说,我的病主要是消化方面的问题,吃点儿药,治疗一段时间应该就会好的。

100. 图片上画了很多标志,有箭头、加油站、刀叉和修理工具,所以短文的内容可以介绍在哪儿能看到这些标志,然后分别介绍这些标志代表什么意思?

    参考答案:
    在高速公路上,你经常会看到这样的标志。这个牌子告诉你,在前方就有休息站,那里有加油站,也有修理汽车的地方。这块牌子上面还画了刀和叉,那表示如果你饿了,还可以在那里吃点儿东西。

HSK（五级）全真模拟试题（第8套）题解

一、听　力

第 一 部 分

1. 女的问男的为什么不开车上班，男的说："地铁不是通了吗？"这是个反问句，意思是"地铁已经通了"，又说"我家门口就有车站，方便得很"。也就是说，男的现在坐地铁上班。正确答案是 C。

2. 男的问女的为什么每次出去吃饭从来不点鱼，是不是不喜欢。女的回答"不是不喜欢，而是我一吃鱼就过敏"。"不是不喜欢"是双重否定句，意思是"喜欢"。由此可知，她喜欢吃鱼，但吃了会过敏，所以不吃。正确答案是 C。

3. 邻居吵架了，女的想过去劝劝，男的对女的说，"你就别瞎操心了"，"瞎+动词"表示没有根据，胡乱做某事。也就是说男的认为女的不应胡乱操心。正确答案是 B。

4. 男的告诉女的他们系的排球队在比赛中获得了冠军。女的说："真的吗？"这句话表达的是惊讶的语气。后面还有一个反问句"你们系的排球原来不是挺弱的吗"。由此可知，男的所在系的排球队原来很弱，这次却能得冠军，让女的非常惊讶。正确答案是 D。

5. 女的说，"三点的班主任会议……"，这说明会议三点钟举行；"班主任会议"说明只有班主任才参加；"这个会由心理健康学会的张主席主持"，说明男的不是主持人；"要讲学生的心理健康问题"说明内容是关于心理健康的，所以 BCD 都不正确。正确答案是 A。

6. 男的想买两张16号晚上去北京的火车票，女的说："16号的票卖光了，17号的可以吗？"女的知道卖票的情况，并可以为买票人作出安排，由此可知，女的可能是卖票的。正确答案是 C。

7. 女的说男的车开得太慢了,男的说:"生命最宝贵,还是慢点儿好。"也就是说,男的虽然开车技术好,但开车时还是很谨慎。正确答案是 A。

8. 男的说,"这么多人一起看决赛,气氛多好啊",很多人一起看比赛的地方可能是家里也可能是体育馆。女的说,"我到宁可回家坐在沙发上一边吃零食一边看",这说明他们不是在家里。正确答案是 C。

9. 女的问男的有没有看《春天的故事》,男的说,"我太太倒是天天坐在电视机前看",在电视机里放的,而且是可以天天看的,应该是电视连续剧。正确答案是 D。

10. 男的觉得搬了家很不习惯,女的说:"虽然你在这儿没有朋友,但毕竟可以跟儿子住在一起啊。"也就是说,男的在这儿没有朋友。正确答案是 D。

11. 女的说:"我现在什么也想不起来,怎么办啊?"男的安慰她:"我第一次给别人开讲座的时候也这样,你出去走走,放松一下就好了。"由此可知,女的要开讲座,她想不起来只是因为紧张,"放松一下就好了"。正确答案是 A。

12. 男的觉得小刚是聪明孩子,但交了不太好的朋友。女的说,"我觉得他今天变成这样,是由于父母的教育不正确造成的",所以女的觉得小刚的父母要负这个责任。正确答案是 B。

13. 女的感谢男的来参加她们的新产品介绍会,男的说,"我觉得自己学到了很多东西"。也就是说,他觉得自己收获很大。正确答案是 C。

14. 男的问女的为什么买了那么多的牛奶,女的说:"我听说用牛奶洗脸对皮肤特别好,想买点儿试试。"由此可知,女的买牛奶是用来洗脸的。正确答案是 B。

15. 女的对男的说,"您闯红灯了,请给我看看您的驾驶执照",看到别人闯红灯后,要求别人出示驾驶执照的只能是交通警察。正确答案是 A。

16. 男的想知道摄影展哪天举行，女的说："原计划是星期三，但因为天气的缘故，推迟到星期五了。"也就是说，摄影展在星期五举行。正确答案是 D。

17. 女的向男的抱怨说："你的键盘脏死了，我擦了二十分钟了还没擦干净呢。"这说明女的现在正在擦键盘。正确答案是 B。

18. 男的说："说下雪就下雪，预报还挺准的。"下雪的季节应该是冬天。正确答案是 D。

19. 女的怀疑自己得了重病，男的说："别胡说，你主要是最近太累了，好好休息一下就会好的。"由此可知，女的最近比较累。正确答案是 B。

20. 男的说，"快，马上就要到山顶了"，女的说，"我实在爬不动了"。由此可知，他们正在爬山。正确答案是 A。

第 二 部 分

21. 男的按照要求买了醋，女的很高兴，要给他做糖醋鱼，然后女的说，"你先去洗个澡，半个小时后就开饭了"。也就是说，女的让男的现在去洗澡。正确答案是 C。

22. 男的问女的，妈妈带她去哪儿玩儿了，女的让男的猜，男的说，"我猜，你们去看熊猫、大象，还有可怕的大灰狼"，女的说，"对啦"。由此可知，女孩儿和妈妈去了动物园。正确答案是 D。

23. 女的问男的年假去南方还是北方，说明两个人在商量去哪儿，女的又说，"那我们就去海南吧，躺在沙滩上晒太阳，肯定舒服极了"，说明两人是说出门去玩儿的事儿，最后男的说，"那我先上网预订机票和宾馆"。由此可知，两人打算出门旅游。正确答案是 A。

24. 男的说:"我想要一个明天晚上的包间,大概十人左右。"女的问:"明天大概几点来?是现在点菜还是明天点?"由此可知,男的正在预订餐厅里的包间。正确答案是 C。

25. 女的问男的为什么中国人常说"我不行"这样的话,男的说:"这只是一种谦虚的说法,中国人习惯这样的表达方式。"由此可知,中国人习惯这种谦虚的表达方式。正确答案是 A。

26. 女的给十个月大的孩子讲故事,男的担心孩子听不懂,女的说,"能不能听懂不重要,重要的是培养他看书的兴趣"。由此可知,女的觉得培养孩子的兴趣很重要。正确答案是 C。

27. 女的向男的抱怨实验又失败了,男的说:"别这样想,'失败是成功之母',爱迪生发明一种电池前,失败了八千多次呢。"他在用爱迪生的例子安慰女的,他相信在很多次失败后一定会成功的,不应该灰心。正确答案是 C。

28. 男的和女的正在讨论图书的出版进度,女的提到"没那么快,内容修改了一些,目录也做了调整"。正确答案是 B。

29. 女的向男的抱怨又放广告了,男的安慰她说,"我们就趁广告时间让眼睛休息休息吧",女的回答,"广告也实在太多了"。由此可知,广告数量太多让她很不满意。正确答案是 D。

30. 男的问女的冰箱怎么样,女的评价说,"我觉得样子太丑了",又说,"我觉得漂亮最重要,其次才是省不省电"。由此可知,女的最重视的是冰箱的样式漂亮不漂亮。正确答案是 D。

31. 女的说:"这个城市多好啊,一年四季温暖如春。"由此可知,女的喜欢这个城市的气候。正确答案是 A。

32. 女的赞美这座城市，男的说，"我觉得它也很现代，生活很方便"，后面又夸奖这个城市的饮食，觉得"小饭店的菜也做得又好看又好吃"。由此可知，男的喜欢这座城市。正确答案是 C。

33. 女的问男的打太极拳多少年了，男的回答："六十岁开始，已经十年了。"正确答案是 D。

34. 女的问男的打太极拳后最大的收获是什么，男的回答："原来我常发脾气，自从打了太极拳，我的性格变好了很多。"正确答案是 C。

35. 短文中说，"作家毛姆在刚刚发表小说时，没有什么名气，所以他的作品卖得不太好。为了吸引大家买他的小说，毛姆在报纸上登了一则广告"。也就是说，毛姆登广告是为了让大家买他的小说。答案是 D。

36. 根据短文，毛姆在报纸上刊登广告征婚，并不是因为他想结婚，而是为了吸引大家买他的小说。广告登出去之后，他的小说一下子全都卖出去了。由此可知，他很会宣传和推销自己的书。正确答案是 A。

37. 短文中说，"顾客朋友们，现在广播找人，一个两岁女孩儿三点十分左右在二楼儿童服装部走失"。通过"顾客朋友们""儿童服装部"可知，这段话最有可能在商场中听到。正确答案是 C。

38. 短文中说，"一个两岁女孩儿三点十分左右在二楼儿童服装部走失"；"该女孩儿身高大约85厘米"，B 是错误的；"头上戴着两个红色的夹子，身穿紫色上衣"，D 也是错误的。正确答案是 C。

39. 短文中说乐广请一位朋友到他家喝酒，"那位朋友拿起酒杯，忽然看见酒杯里有一条小蛇"。正确答案是 B。

40. 短文中说那位朋友回家后，"越想越觉得恐怖，就病倒了"。正确答案是 D。

41. 听说朋友病了，乐广去看朋友，朋友告诉了他生病的原因，乐广感到非常奇怪。乐广回家后，坐在朋友曾经坐过的位置，往杯子里倒满酒，他这样做是为了弄清楚朋友生病的原因，搞清楚事实。正确答案是 B。

42. 乐广坐在朋友曾经坐过的位置，"突然，他看到了酒杯中的小蛇——原来是挂在墙上的、形状像蛇的装饰品照在酒里的影子"。由此可知，乐广的朋友看到的"蛇"并不是真正的蛇。正确答案是 D。

43. 短文中说，"他们发现，现在的杂志里全是彩色图片。如果他们也把广告做成彩色的，夹在众多广告中间，很难被发现"。也就是说，彩色广告不容易吸引读者。正确答案是 C。

44. 短文中说，"在一片五颜六色的彩图中，突然发现一页朴素大气的黑白广告，那种感觉就像在繁华的城市里，突然发现了一块安静的地方，感觉十分舒服"。正确答案是 A。

45. 短文中说，"久而久之，这种广告形式不但深受消费者的喜爱，而且成为了广告文化的一部分"。正确答案是 B。

二、阅　　读

第一部分

46. "个别"是形容词，意思是"单个，各个"或者"极少数，少有"；"各自"是人称代词，意思是"各人自己，各个方面自己的一方"；"每个"的意思是"每一个"；"全面"作名词的意思是"所有方面，各个方面的总和"，作形容词的意思是"完整周密，能考虑到各个方面的"。根据题意，两家皮鞋工厂每家都派了销售员去开发市场。正确答案是 B。

47. "简直"是副词，表示"完全如此"，有夸张的语气；"始终"作名词的意思是"从开始到最后的整个过程"，作副词时表示"从头到尾，一直"；"居然"是副词，表示"出乎意料，竟然"；"除非"作连词时表示"唯一的条件"，作介词时表示"不计算在内，除了"。根据题意，甲没想到这个地方没人穿鞋子，所以打算坐飞机回去。正确答案是 C。

48. 根据题意，乙看到这个地方没有人穿鞋子，觉得很高兴，因为他认为这个地方市场很大，后来他们工厂在这个地方建了一个分厂生产鞋子，生意很好。正确答案是 D。

49. "所以"是表示因果关系的连词，常用在下半句表示结果；"于是"是连词，表示"后一事紧接着前一事，后一事往往是前一事引起的"；"但是"是表示转折关系的连词；"反而"是副词，表示"跟上文意思相反或出乎预料和常理"。根据题意，这个人本来应该照顾父母，但是他没有照顾父母，却要让父母为他操心。正确答案是 D。

50. "前途"原来的意思是"前面的路程"，比喻"将来的光景"；"魅力"的意思是"很能吸引人的力量"；"领域"的意思是"国家行使主权的区域"或者"学术思想或社会活动的范围"；"趋势"的意思是"事物发展的方向"。根据题意，这个人做事不够努力，影响了自己的将来。正确答案是 A。

51. "完善"的意思是"使完备美好"，宾语常常是"规章、制度、政策、标准"等可以变得完备美好的抽象名词；"变化"的意思是"事物产生了新的状况",后面不能带宾语;"改正"意思是"把错误的改为正确的",宾语常常是"缺点、错误"等名词;"修改"的意思是"改正文章、计划等里面的错误和缺点"。根据题意,他从小对朋友不友好,大家都不愿意接近他,他现在年纪大了,觉得孤单,所以想改正自己的错误。正确答案是C。

52. "捡"的意思是"拾取";"吹"的意思是"风、气流等冲击、流动";"踩"的意思是"用脚底接触地面或物体";"牵"的意思是"拉着使行走或移动"。根据题意,树想要安静下来,但是风却不停地吹。正确答案是B。

53. "出色"的意思是"特别好,超出一般";"辛苦"的意思是"身心劳苦";"抽象"的意思是"空洞的,不能具体经验到的";"灰心"是动词,意思是"遭到失败或者困难后,意志消沉,没有勇气继续下去"。根据题意,唐伯虎只学了几天,就已经画得非常好了,所以他不想继续学下去了。正确答案是A。

54. "拦"的意思是"不让通过,阻挡";"横"的意思是"使物体变成横向";"锁"的意思是"用锁把门窗、器物等的开合处关住";"卷"的意思是"把东西弯转裹成圆筒形状"。正确答案是C。

55. "风俗"的意思是"社会上长期形成的风尚、礼节、习惯等的总和";"事物"的意思是"客观存在的一切物体和现象";"情景"的意思是"具体场合的情形、景象";"景色"的意思是"由山水、花草、树木、建筑物以及某些自然现象形成的可供人观赏的景象"。根据题意,唐伯虎从窗户望出去,外面花红柳绿,景色非常漂亮。正确答案是D。

56. 根据题意,唐伯虎从窗口看到的美景是老师画上去的,他却没有看出来,老师画画儿的水平实在是太高了,后面又说他"跟老师认真地学画画儿"。由此可知,唐伯虎认识到自己不应该那么骄傲。正确答案是C。

57. "故事"的意思是"真实或者虚构出来的用作讲述对象的事情";"理论"的意思是"人们从实践中概括出来的关于自然界和社会的知识的有系统的结论";"逻辑"的意思是"思维的规律或客观的规律性";"谜语"的意思是"暗射事物或文字等供人猜测的隐语"。根据题意,在南半球某地有一只蝴蝶,它偶然拍动翅膀所引起的空气流动,几个星期后可能会导致北半球某地的一场龙卷风,这是气候学上的观点、结论。正确答案是 B。

58. "主观"的意思是"属于自我意识方面的或者不依赖实际情况的";"朴素"的意思是"朴实、不虚假或者颜色、样式等不华丽";"形象"的意思是"描绘或表达得具体、生动";"熟练"的意思是"工作、动作因常做而有经验"。根据题意,前面解释了什么是"蝴蝶效应",后面又用例子生动、形象地解释了"蝴蝶效应"。正确答案是 C。

59. 用来说明蝴蝶理论的例子,都是前一事件引起了后一结果,"丢失一颗钉子,会使马的铁蹄坏掉,马的铁蹄坏掉,可能会使马上的士兵受伤,这个士兵受伤,可能会使战争输掉",因此输掉战争是下一结果"可能会使一个国家灭亡"产生的原因。正确答案是 A。

60. "相同"是形容词,意思是"彼此一样,没有区别";"相对"作动词时的意思是"性质上互相对立",作形容词的意思是"依靠一定条件而存在,随着一定条件而变化";"相似"的意思是"相像";"相关"是动词,意思是"彼此有关系、关联"。根据题意,看起来没有联系的现象之间存在着千丝万缕的内部联系。正确答案是 D。

第 二 部 分

61. 短文的内容是买车以后的变化,"这个城市变小了","有了车想去哪儿就去哪儿,遇到恶劣天气也不怕"。也就是说,买了车以后生活方便多了。正确答案是 D。

62. 短文提到牛在中国的特殊性,一是和农业有密切的关系,二是牛在古代神话传说里的地位。短文中说,"所以很多地方有在河岸上放置铁牛、石牛的风俗"。正确答案是 C。

63. 短文的内容是关于公筷的，以前在家用公筷的很少，但是"为了家人的健康，我们都应该提倡……使用公筷"，也就是说，使用公筷对家人的健康有好处。正确答案是 A。

64. 短文介绍了北京的胡同，胡同是北京的一大特点，但是现在"很多胡同已经不存在了，这对于我们了解北京的历史文化，不能不说是一个遗憾"，也就是说通过胡同可以了解北京的历史文化。正确答案是 A。

65. 短文介绍了夏季饮食应该注意的事项，"要少吃肉，多吃一些凉菜、豆腐、绿豆等食物"，"另外，可以适当地吃一些酸的食物来增加食欲"。正确答案是 B。

66. 短文说明了服装对人的重要性。"通过服装，不但可以表现自己，还可以了解别人、影响别人"。正确答案是 D。

67. 短文提到，"随着小麦、玉米、大豆等原材料价格的上涨，食用油、面粉等相关产品也纷纷涨价"，也就是说，有些原材料价格上涨了。正确答案是 A。

68. 短文介绍了古典音乐的特点。"古典音乐很讲究逻辑性"。也就是说，古典音乐逻辑性很强。正确答案是 B。

69. 短文说的是枕头对睡眠的影响。"枕头可以说是与人类相伴时间最长的一个伙伴，但是这个伙伴一旦使用不当，就会影响我们的健康"。也就是说，枕头选择得不好会影响健康。正确答案是 A。

70. 短文中提到"兄弟俩在同一个班学习"，说明哥哥和弟弟是同一个班的学生。正确答案是 A。

第 三 部 分

71. 短文中提到,"那个服务员并不知道女孩儿的腿不能走路,没有去扶她,而只顾在前面带路"。正确答案是 A。

72. 短文中提到,"女孩儿长大以后,开始了文学创作,写出了很多作品,最后成为了第一位获得诺贝尔文学奖的女性"。也就是说,这个女孩儿长大后成了作家。正确答案是 B。

73. 短文中的主人公在忘我的状态下克服了残疾,恢复了走路的能力,所以不要"给自己设下限制",应该"充分相信自己……总能创造奇迹",所以作者想说的是:应该充分相信自己,才有可能创造奇迹。正确答案是 D。

74. 短文中说,"一个年轻人非常羡慕一位企业家取得的成就,于是他跑到企业家那里询问他为什么能成功",也就是说,年轻人想从企业家那儿知道他是怎么成功的。正确答案是 A。

75. 企业家把西瓜切成了三块,问年轻人选择哪一块,年轻人说"当然是最大的那块",所以"企业家把最大的那块西瓜递给年轻人"。正确答案是 B。

76. 根据短文,年轻人想知道企业家成功的经验,企业家拿来了西瓜,切成三块,用如何吃西瓜向年轻人说明成功的秘密。"年轻人马上就明白了企业家的意思:他吃的西瓜虽然没有自己的大,却比自己吃得多。如果每块西瓜代表一定程度的利益,那么企业家赢得的利益自然比自己多"。正确答案是 D。

77. 短文中最后一句话说明了一个道理,"只有放弃眼前利益,才能获得长远大利"。正确答案是 D。

78. 甲、乙、丙、丁四人去一家公司应聘,在第一次考试中,"甲便以 99 分的好成绩排在第一"。正确答案是 A。

79. 第二次考试试卷发下来后,大家都很惊讶,因为"这次的试题和第一次的完全一样"。正确答案是 B。

80. 第二次考试,丁"最后才交了试卷",第三次考试丁"直到最后才把答卷交了上去",因为"他对相同的问题,有不同的思考,做出了不同的回答"。正确答案是 C。

81. 对于为何成绩排在最后的丁被录取,公司总裁认为"善于思考,善于发现缺漏的人才能有进步,职员有进步,公司才能有发展"。正确答案是 A。

82. 根据短文,公司总裁之所以选择丁,是因为他善于思考,只有善于思考的人才能有进步,所以公司觉得职员是否有进步非常重要。正确答案是 C。

83. 短文介绍了龚海燕创办中国规模最大的婚恋交友网站"世纪佳缘"的过程,"龚海燕看到身边许多同学、朋友由于工作学习忙,而无法找到理想爱人,就创办了'世纪佳缘'"。也就是说,龚海燕创办"世纪佳缘"是为了替别人促成婚姻。正确答案是 D。

84. 根据上下文,上文提到"龚海燕看到身边许多同学、朋友由于工作学习忙,而无法找到理想爱人,就创办了'世纪佳缘'",下文又说"龚海燕创办'世纪佳缘'的目的是为他人牵线",因此,"牵线"在这里的意思是替他人介绍结婚对象。正确答案是 B。

85. 短文中说:"两人相识一个多月后,便办理了结婚手续",这说明龚海燕和丈夫认识一个多月后就结婚了,并不是说他们结婚一个月了,A 是错误的;B 和 D 的内容文中没有提及。短文中提到"复旦大学新闻学院新闻专业研究生龚海燕……"说明龚海燕当时在复旦大学新闻学院学习新闻专业。正确答案是 C。

86. 短文中提到"世纪佳缘"拥有注册会员 6800 万,B 是错误的;"注册的会员要提交个人证件",D 是错误的;C 在文中没有提及。短文中说,"注册的会员需要提交个人证件。包括毕业证、身份证等等"。正确答案是 A。

87. 短文中说，"大多数人在做一件事情不成功或者被批评的时候，总是会找种种借口告诉别人，自己的运气太坏"。正确答案是 C。

88. 失败的人寻找借口是"因为他害怕承担错误，害怕被别人笑，或者只是想得到暂时的轻松和自我解脱"。正确答案是 B。

89. 作者觉得失败的时候不应该找借口，因为"失败并不可怕，可怕的是不知道失败的原因"，所以失败后要知道失败的原因，"听听别人的建议，多从自身反思、总结一下"。正确答案是 A。

90. 短文中开头说大多数人在失败时总会找各种借口，接着分析了找借口的原因和找借口的危害，最后又强调"在追求成功的过程中，最重要的一个步骤就是不要为自己找借口"。正确答案是 B。

三、书 写

第 一 部 分

91. 这是一个形容词谓语句,主语是名词"任务",谓语是形容词"艰巨",那么"代词+量词"结构应放在名词之前,程度副词"很"应放在形容词之前。正确答案是"这项任务很艰巨。"

92. 这个句子中的动词是"使"和"发展",那么这个句子应该是用"使"的兼语句"什么使什么怎么样",组成的句子是"工业革命使经济发展",形容词"迅速"应该放在动词前作状语。正确答案是"工业革命使经济迅速发展。"

93. 这个句子中的重要词语是"划船""锻炼""力量",组成的句子是"划船锻炼力量","胳膊的"放在名词之前作定语,助动词"可以"放在动词之前。正确答案是"划船可以锻炼胳膊的力量。"

94. 这个句子中有一个介词"被",很可能组成"被"字句。"被"字句的一般结构是:主语+"被"(+宾语)+动词+其他成分。"玩具枪"作主语,"他"作宾语,"摔坏了"是"动词+结果补语",放在句子的最后。正确答案是"玩具枪被他摔坏了。"

95. 这个句子重要词语是"解释""逻辑""不符合",可以组成句子"解释不符合逻辑","这个"应放在主语前。正确答案是"这个解释不符合逻辑。"

96. 这个句子的重要词语应该是"30份试卷""修改""好",应该是个意义上的被动句,组成句子是"30份试卷修改好了"。"已经""全部"是副词,应放在动词之前,排序上时间副词"已经"应放在范围副词"全部"之前。正确答案是"30份试卷已经全部修改好了。"

97. 这个句子的重要词语是"总理""接待了""访问团",组成的句子是"总理接待了访问团"。"热情地"是状语,放在动词之前,"外交"是定语,应放在宾语之前。正确答案是"总理热情地接待了外交访问团。"

98. 这个句子里有一个"把",那么很可能是一个"把"字句。"把"字句的一般结构是:主语 + "把" + 宾语 + 动词 + 其他成分。句子中重要的词语应该是"把""广告""撕掉",组成的句子是"把广告撕掉","墙上的"是定语,应放名词之前,"别"和"千万"都是副词,在"把"字句中应放在"把"之前,排序上语气副词"千万"应在否定副词"别"之前。正确答案是"千万别把墙上的广告撕掉。"

第 二 部 分

99. 在这五个词中,通过"恋爱""家庭""婚姻"这三个词,可以知道短文的内容应该是关于婚恋生活的。"恋爱"后组成了"家庭",有了"家庭"后,应该"珍惜"婚姻生活,遇到问题及时"沟通"。

    参考答案:
    找一个人谈恋爱并且与他组成家庭也许不是太难的事情,但结婚后如何拥有健康美满的婚姻生活却是一门学问。双方应该珍惜自己的婚姻,如果遇到矛盾要多加沟通,及时把问题解决掉。

100. 这张图上是个学生模样的孩子,他一手拿着小提琴,一手拿着画笔在画画儿,所以短文的内容应该是关于学生课外辅导班的。看着孩子弯弯的腰和厚厚的眼镜以及重重的书包,应该知道作者是持批评的态度。

    参考答案:
    很多父母会在业余时间给孩子安排课外辅导班,比如音乐、美术、电脑等。孩子在紧张的学习生活之外,还要忙着学习自己可能并不感兴趣的东西,这会让孩子们感到巨大的压力。

HSK（五级）全真模拟试题（第9套）题解

一、听　力

第 一 部 分

1. 男的睡觉前都要听英语磁带，女的夸奖他努力，男的却说，"听着磁带我能很快睡着"。由此可知，男的听磁带是为了早点儿睡着。正确答案是 D。

2. 男的拿了笔、尺子和橡皮，女的说："再买一把剪刀、一瓶胶水和一些彩纸吧"。笔、尺子、橡皮、剪刀、胶水、彩纸都属于文具，因此他们很可能是在文具店里。正确答案是 C。

3. 女的说小刚作文差，想给他报辅导班补习。男的建议"多带他出去接触接触社会"。正确答案是 B。

4. 男的问药店国庆节上不上班，女的说："10月1号到3号休息，4号开始正常营业"。也就是说，男的4号可以去药店。正确答案是 D。

5. 女的觉得时间可能来不及了，男的说："哪怕不吃不睡，我们也要按时完成"。"哪怕……也……"表示的是假设关系的让步，意思是即使可能会出现前面所说的不好的状况，也要实现后面的结果，常用来表达坚定的决心。正确答案是 C。

6. 男的告诉女的陈工程师辞职了，女的说："我早就说过，他是名牌大学的博士，以后肯定会去更有前途的大公司的。"也就是说，女的以前就预料到陈工程师会辞职。正确答案是 A。

7. 女的说："你刚学会游泳，千万别到深水区去。"也就是说，女的让男的在浅水区游泳。正确答案是 A。

8. 男的问女的："你今天去检查的结果怎么样？"也就是说，女的今天去医院检查身体了。正确答案是 B。

9. 女的说,"这个……拍照功能很好,还能上网",男的说,"我不要那么复杂的,只要能打电话就行"。可以打电话,有的还可以拍照片、上网的东西应该是手机。正确答案是 C。

10. 男的觉得回国后英语退步了,女的认为男的的口语还是很好的。由此可知,男的以前出过国。正确答案是 B。

11. 女的说:"记得我第一次做采访节目时,紧张的连嘉宾的名字都叫错了。"通过"采访节目""嘉宾"可以知道,女的是电视节目主持人。正确答案是 D。

12. 男的告诉女的开公司要合法经营,女的保证说,"违反法律的事我坚决不做"。也就是说,女的会合法经营。正确答案是 C。

13. 女的采访男的,让男的说获奖感言,男的说:"我要感谢张导演,感谢所有跟我合作的演员,最想感谢的是我的太太。"正确答案是 A。

14. 男的说油炸食品对身体不好,让女的不要吃。女的说:"我也不想吃啊,这不是没时间做饭吗?""这不是没时间做饭吗"是个反问句,意思是因为"没时间做饭",所以只能买油炸食品吃。正确答案是 B。

15. 女的说:"我昨天夜里怎么都睡不着,睁着眼睛一直到天亮。"也就是说,女的昨天晚上没睡着觉。正确答案是 D。

16. 男的想让女的教他下象棋,女的说,"我最多算是个初级水平,你还是请老张教你吧"。也就是说,她下得不好,所以让男的找老张教他。正确答案是 C。

17. 女的告诉男的小丽在家做全职太太,男的说,"女人还是保持经济上的独立比较好"。也就是说,男的认为女人还是应该有工作、有收入。正确答案是 B。

18. 男的要去参加面试，让女的看自己穿戴得怎么样，女的说，"蓝西装、灰领带，整体感觉还不错，但领带有点儿歪"。穿着西装、系着领带，这是比较正式的打扮。正确答案是 C。

19. 女的想组织排球比赛，问男的能不能申请活动费用，男的回答："这件事我说了不算，得领导点头才行。"也就是说，他没权利决定，决定权在领导手里。正确答案是 D。

20. 男的说孩子平时弹得很好，但是上台表演的时候却弹得不好。女的解释说，"第一次上台表演，不免会紧张"，并要求男的不要责备孩子。正确答案是 A。

第 二 部 分

21. 女的问："这班飞机是在这个柜台办理登机手续吗？"后文又提到了"飞机会准时起飞吗"，"这是您的登机牌"等内容。由此可知，女的在飞机场办登机手续。正确答案是 A。

22. 看到自行车运动员被撞伤的新闻，男的表示吃惊，说："我原来还以为自行车是相对安全的比赛项目呢。"女的解释说："速度过快的话，任何比赛都会有危险的。"由此可知，骑自行车速度过快会有危险，而不是骑自行车有危险。正确答案是 D。

23. 男的和小刘谈恋爱七八年了，女的劝男的考虑考虑结婚的事，男的回答说："婚姻的开始就是爱情的结束。"也就是说，男的否定了女的提出的建议，他现在还不想考虑结婚的事。正确答案是 C。

24. 女的问男的，水费分段收费的标准，男的说："十吨以下每吨两块二，十吨以上每吨两块八。"正确答案是 B。

25. 女的告诉男的她忘了带手机充电器，并让男的回去取，男的说："来不及了，到北京再买一个吧"。也就是说，男的想再买一个充电器。正确答案是 D。

26. 男的对女的说，"运动会让你妈妈一个人去吧"，女的最后表示同意，但是要男的买件礼物安慰她。运动会男的原来打算和女的的妈妈一起去。由此可知，他们可能是父女关系。正确答案是 C。

27. 男的和妹妹打架了，女的说："她是妹妹，比你小，你应该爱护它。"由此可知，女的希望男的爱护妹妹，让着妹妹。正确答案是 A。

28. 男的说："我的驾驶证找不到了，你帮我找找吧。"也就是说，男的在找驾驶证。正确答案是 D。

29. 男的说："我们单位规定，凡是四十岁以下的，都要通过司法考试。"也就是说，男的年龄在四十岁以下，要参加考试。正确答案是 C。

30. 男的请女的提醒他参加一个会议，但是女的说，"这是前天的事儿了"，男的以为自己忘了参加会议，但是女的又说，"您已经去过了"。已经参加过的会议男的却忘记参加过，由此可知，男的记忆力很不好。正确答案是 B。

31. 男的问女的："为什么王子吻一下，白雪公主就会醒过来呢？"女的说："因为王子爱白雪公主，爱的力量特别伟大。"由此可知，女的认为白雪公主能醒过来是因为王子对白雪公主的爱。正确答案是 A。

32. 女的先说，"好了，我们要赶快睡觉了"，最后又说，"宝贝晚安"。也就是说，现在是晚上睡觉的时间。正确答案是 D。

33. 女的说，"就是这套房子，您进去看看吧"，接着又和男的谈论房子的面积、价格、交通等问题。由此可知，男的想买房子，正在跟女的一起看房子。正确答案是 A。

34. 男的看了房子后说："看起来不大啊"，女的说："你们小两口住够了"，男的又说，"可是有了孩子就显得有点儿小了"。也就是说，男的对房子的大小不满意。正确答案是 D。

35. 爷爷和孙子拉着一匹马,听到有人说"怎么不骑在马上呢?"所以爷爷让孙子骑到了马上,但是一位老奶奶说:"这个孙子真不像话,爷爷这么大年纪了,怎么能让爷爷走路呢?"也就是说,老奶奶觉得孙子不懂事。正确答案是 B。

36. 爷爷和孙子不骑马,有人说他们傻;孙子骑到了马上,有人说孙子不懂事;爷爷骑到了马上,有人责怪爷爷不疼爱孙子;爷爷没办法,只好和孙子都骑到马上,结果小马被压得摔倒了。由此可知,每个人看问题都有自己的角度,不论怎样做都不可能让所有人都满意,所以人应该有自己的判断,按照自己的方式去做事,不要在乎别人的看法。正确答案是 C。

37. 录音中说:"亲爱的顾客朋友:您好!欢迎光临惠而美超市。"说明这是在超市,后面又提到了"购物车",更加可以肯定是在超市。正确答案是 A。

38. 录音中说:"如果您有任何意见或建议,请向三楼服务台的工作人员反映。"正确答案是 C。

39. 录音中说:"田忌知道自己的马没有齐王的好,不想跟齐王赛马,但是又不好意思说不比,就答应了。"正确答案是 B。

40. 录音中说:"第二场比赛开始了,田忌先用最差的下等马跟齐王的上等马比赛,结果田忌输了。"正确答案是 A。

41. 录音中说:"第二场比赛田忌赢了。""第三场,田忌用相同的方法又赢了齐王"。也就是说,田忌赢了两场比赛。正确答案是 B。

42. 第一场比赛田忌用同等的马跟齐王的马比,田忌的马都没有齐王的好,所以他输了。但是第二场他换了比赛方法,先用最差的马跟齐王比,然后用最好的马跟齐王的中等马比,最后用中等马跟齐王的下等马比。田忌最后能赢得比赛是因为他从第二场比赛开始调整了比赛技巧。正确答案是 C。

43. 录音中说:"儿子为了吃第二块巧克力而哭闹不止,年轻的妈妈为了转移儿子的注意力,在杂志上找到一张世界地图,把它撕成许多小碎片",然后让儿子拼。也就是说,妈妈让儿子拼地图是希望他能忘记吃巧克力的事。正确答案是 B。

44. 录音中说:"妈妈认为,即使对大人来说,这都是一项艰巨的任务,更不用说五岁的孩子了。"正确答案是 A。

45. 妈妈很惊奇地问孩子为什么拼得这么快,孩子说:"在地图的反面是一个人的照片,我把这个人的照片拼好,然后把它翻过来就行了。"正确答案是 D。

二、阅 读

第一部分

46. "提问"的意思是"提出问题来问";"争论"的意思是"各执己见,互相辩论";"嘱咐"的意思是"告诉对方记住应该怎样,不应该怎样";"指导"的意思是"指示教导,指点引导"。根据题意,老师每次问问题时,一个学生总是举手,却又回答不上来。正确答案是 A。

47. "坏"的意思是"缺点多,使人不满意或者品质恶劣";"棒"的意思是"能力强、水平高、成绩好";"笨"的意思是"头脑不聪明";"懒"的意思是"不爱劳动或工作,不勤快"。根据题意,这个学生每次都举手回答问题,不是因为他会,而是因为他怕自己如果不举手,同学们会觉得他笨。正确答案是 C。

48. "代替"的意思是"以甲换乙,起甲的作用";"转变"的意思是"由一种情况变到另一种情况";"改进"的意思是"改变旧有情况,使有所进步";"组合"的意思是"组织成为整体"。根据题意,这个学生原来不能回答老师的问题,但在老师的帮助下,他能够越来越好地回答问题,从一个差生变成了一个好学生。正确答案是 B。

49. "题目"的意思是"练习或考试时要求解答的问题";"状况"的意思是"事物呈现出来的样子";"主张"的意思是"对于如何行动所持有的见解";"结论"的意思是"从推理的前提推论出来的判断"或者"对人或事物所下的最后的判断"。根据题意,学生想知道,如果听到一个好主意,是不是应该马上去做。正确答案是 C。

50. "传播"的意思是"广泛散布,使人知道";"咨询"的意思是"询问想法、意见";"征求"的意思是"用书面或口头询问的方式寻求意见等","征求"后面一定要带宾语;"说服"的意思是"用理由充分的话让对方相信、服从"。根据题意,子路想知道有了好的主张是否应该马上去做,孔子告诉他,家里有父亲和兄长,应该先问问他们的意见。正确答案是 B。

51. "鼓舞"的意思是"使振作起来,增强信心或勇气";"刺激"的意思是"推动事物,使起积极变化"或者"使人激动,使人精神上受到挫折或打击";"同情"的意思是"心中因别人的遭遇而产生与之一致的感情"或者"对别人的行动表示赞同";"安慰"的意思是"劝说别人,使人心里安适"。根据题意,孔子觉得冉有做事不勇敢,总是退缩,所以要说一些让他增加勇气的话。正确答案是 A。

52. 根据题意,对于学生的相同问题,孔子给出了不同的答案,因为这两个学生的性格特点不一样。因此"因材施教"的意思就是根据不同学生的个性特点,采用不同的教育方法。正确答案是 B。

53. "照"作动词的意思是"光线照射""拍摄相片""对着镜子或反光的东西看"等;"摆"的意思是"安放、放""炫耀""摇动""亮出、显示"等;"闻"的意思是"听见"或"用鼻子嗅味道"等;"碰"的意思是"物体跟物体撞击""碰见,遇见""试探"等。根据题意,小鱼在水面上发现了一面"镜子",它想把镜子搬回家给大家照。正确答案是 A。

54. "开心"的意思是"心情开朗,精神快乐舒畅";"难过"的意思是"不好受,心里不快乐";"兴奋"的意思是"精神振奋,激动";"痛苦"的意思是"精神或身体感到非常难受"。根据题意,小鱼去搬"镜子"的时候,把"镜子"弄碎了,他心里很不好受。"难过"和"痛苦"都表示难受,但"痛苦"的语意比较重,用在这里不合适。正确答案是 B。

55. "直"的意思是"成直线的,不弯曲";"平"的意思是"表面没有高低凹凸,不倾斜";"方"的意思是"四个角都是90°的四边形或六个面都是方形的六面体";"圆"的意思是"形状像圆圈或球的"。根据题意,小鱼看到的"镜子"其实是月亮的影子,映在水里像镜子一样,小鱼一碰,"镜子"就会碎,过一会儿,又会变圆。正确答案是 D。

56. 因为"镜子"一碰就碎,小鱼找来了妈妈,妈妈一看就明白了,这不是镜子,而是月亮的影子。"这哪里是镜子"是个反问句,意思是"这不是镜子"。正确答案是 C。

57. "糊涂"的意思是"不明白事理,不清醒,认识模糊";"得意"的意思是"称心如意,感到非常满意";"伤心"的意思是"由于遭受不幸或不如意的事而心里痛苦";"寂寞"的意思是"孤单冷清"。根据题意,工人肖尔斯的妻子当上了女抄写员,这是很不容易的事,因为当时的抄写员大多是男的,所以肖尔斯应该高兴、骄傲。正确答案是 B。

58. 短文中说,虽然肖尔斯开始的时候很得意,但是后来就高兴不起来了。因为太太总是把写不完的东西带回家让他帮着写,他每天都要写很多字,当然会觉得手很酸痛。正确答案是 C。

59. "改进"的意思是"改变旧有的情况,使有所进步,侧重于让事物进步";"改善"的意思是"改变原有情况使好一些,侧重于让事物更加完善";"改正"的意思是"把错误的改为正确的";"改变"的意思是"改换,使事物发生显著的变化,包括向好的或向坏的方面变化"。根据题意,肖尔斯发明了打字机,后来雷顿做了改变,让打字机的技术更加先进。正确答案是 A。

60. "复制"的意思是"依照原件制作成同样的";"传递"的意思是"由一方交给另一方";"处理"的意思是"安排事物,解决问题"或"惩罚、处治";"运用"的意思是"根据事物的特性加以利用"。根据题意,马克看到女儿弹钢琴,受到了启发,把弹钢琴的方法用到了打字机上。正确答案是 D。

第 二 部 分

61. 这段话说亚运村里有一个房间是中文学习室,"它最主要的功能是教外国运动员汉语"。也就是说,外国运动员可以在中文学习室学习汉语。正确答案是 B。

62. 这段话提到孩子的学习成绩和他们使用筷子的情况有联系。"很多学习成绩差、握笔姿势不对的孩子,他们使用筷子的方法也是错误的"。也就是说,父母应注意孩子拿筷子的姿势,因为孩子使用筷子的方法可能反映他们的学习情况。正确答案是 C。

63. 这段话讲的是"握手"这个动作是怎么来的。以前的人"遇见陌生人时，为了表示友好，人们会放下手中的东西，伸出手，让对方摸一下，表示手中没有武器"，所以当时的人们握手是为了向对方表示自己手中没有武器。正确答案是 D。

64. 这段话说由于"目前一些大学的教职工住宅楼和学生宿舍区往往混在一起，车辆构成复杂"，所以"使得校园交通管理变得困难"。正确答案是 A。

65. 这段话说很多人为了让房子的实用面积增大，有些人会对阳台进行改建，"但必须注意的是，要保证大楼的结构安全"。也就是说，改建阳台时不能影响大楼的结构安全。正确答案是 C。

66. 这段话介绍了历史学家司马光，提到"受父亲的影响，他从小就喜欢读史书"，这说明司马光的父亲也喜欢读史书。正确答案是 A。

67. 这段话提到，当蜜蜂"停留在表面温度较高的花朵上时，则比较容易提高自身的温度"。也就是说，温暖的花可以帮助蜜蜂提高自身的体温。正确答案是 C。

68. 这段话介绍了一种"空气洗衣机"，说"这种洗衣机不用水，洗完还不用晒"。也就是说，这种洗衣机洗衣服不用水。正确答案是 C。

69. 这段话介绍惯用语"闭门羹"是怎么来的。古时候，有一个女子如果不想见某一个客人，就让家人招待他吃一碗羹，然后就让他走，所以"吃闭门羹"就是被拒绝。正确答案是 B。

70. 这段话说张先生记忆力不好，丢过很多东西，有一天他高兴地说："我今天没忘东西，你看，我把雨伞带回来了"，但是妻子告诉他，"你今天并没有带伞"。由此可知，张先生拿了别人的伞。正确答案是 A。

第 三 部 分

71. 短文中说一家大公司的老板回到家里，对妻子说："完了！法院宣布我破产了，家里所有的财产明天就都不属于我了，我现在什么都没有了。"说完后他便伤心地低头哭了起来。由此可知，这个老板哭是因为他破产了，什么都没有了。正确答案是 B。

72. 妻子听了丈夫的话，鼓励他说："你还有一个支持你的妻子，一群可爱的、有希望的孩子，而且你有丰富的经验、健康的身体和灵活的头脑，这些是最重要的，而且永远都属于你。"也就是说，妻子觉得最重要的东西都没丢失，"至于丢掉的财产，就当是过去白忙一场算了"。由此可知，他的妻子重视的是家庭的幸福，对财产不那么重视。正确答案是 C。

73. 短文中提到："五年后，他的公司再次成为《财富》杂志选出的最著名的五大企业之一。"也就是说，这个老板五年后又成功了。正确答案是 D。

74. 短文中提到："我小的时候，兴趣非常广泛。画画儿、弹钢琴、游泳、打篮球，样样都学。"正确答案是 A。

75. 短文中说自己小时候兴趣爱好广泛，"样样都学，还必须都得第一才行，这当然是不可能的。于是，我非常难过，也很灰心，学习成绩一落千丈"。人在难过、灰心的心理状态下，学习成绩肯定会受到影响，会有明显的下降。正确答案是 C。

76. 父亲知道我的成绩下降后，就找来瓶子和玉米粒给我做了一个试验。通过试验，父亲告诉我："这个瓶子代表你，假如你每天都能做好一件事，每天你就会有一粒玉米的收获和快乐。可是，当你想把所有的事情都挤到一起来做，反而连一粒玉米也收获不到了。"所以父亲用瓶子和玉米粒举例是为了给我讲道理。正确答案是 D。

77. 短文中，父亲用玉米粒的试验告诉"我"："每天做好一件事，微笑着面对生活。"也就是说，父亲教孩子怎样面对生活。正确答案是 A。

78. 短文中说老师让学生到苹果园摘一个最大最红的苹果，并要求"这期间只能摘一次，并且只可以向前走，不能回头"。正确答案是 B。

79. 老师让学生摘一个最大最红的苹果，学生却空手而回，他解释原因说："因为只能摘一次，又不能走回头路，一路上即使见到又大又红的苹果，但是因为不知道后面是否有更好的，所以没有摘。走到后面时，又发现后面的苹果总不如前面见到的好，于是我什么也没摘到。"由此可知，他因为没办法确定哪个最好，而错过了最大最红的苹果。正确答案是 C。

80. 第二次，老师让学生去森林里砍一棵最好的树，同样只能砍一次，并且不能走回头路。这次学生"带回了一棵不是很茂盛，但也不算太差的树回来"。"不是很茂盛，但也不算太差的树"就是普通的树。正确答案是 A。

81. 学生想知道什么是婚姻，老师就让他去森林里砍树，通过学生选择树时的心理状态形象地说明了什么是婚姻。也就是说，在老师眼中，选择伴侣和选择树时，人的心理状态是一样的。正确答案是 B。

82. 短文最后总结说："人生就像穿过果园和树林，只走一次，不能回头一样。要找到属于自己最好的苹果和大树，你必须要有莫大的勇气和辨别的能力。"由此可知，只有拥有了勇气和辨别能力，才能做出正确的选择，这是很不容易的。正确答案是 A。

83. 短文中说："15 岁那年，因为经济原因，阿杜不得不放弃了学业，在一家修车厂修车。后来经朋友介绍，阿杜到电脑公司安装硬件。成为歌手以前，他在一家建筑公司当了七年的建筑工人。"由此可知，阿杜曾经做过修车工、电脑公司职员和建筑工人。正确答案是 C。

84. 短文中说阿杜有一副好嗓子，"但性格内向的他很害怕在公众场合唱歌"，阿杜和唱片公司签约后，"由于太内向，公司还特意安排他到酒吧唱歌，让他习惯唱歌的时候有人观看"。正确答案是 B。

85. 短文中说："2002年，阿杜推出了第一张唱片《天黑》，这张唱片一年中在全亚洲卖出了70万张，阿杜也成为了亚洲华人界的明星歌手。"由此可知，阿杜凭借第一张唱片《天黑》成为了亚洲有名的歌手。正确答案是A。

86. 短文介绍了歌手阿杜的成名之路：阿杜少年时，由于经济原因放弃了学业，做过不同的工作。一个偶然的机会，他成为了亚洲华人界的著名歌手，虽然成为了明星，但是阿杜还是不习惯面对记者，由于害怕紧张，连健康都出现了问题。但是为了喜欢他的歌迷，他正在不断地调整自己。正确答案是D。

87. 短文中说："足球运动对参与者的要求不高是大家喜欢足球的一个原因。"正确答案是C。

88. 短文中提到："足球比赛结果的偶然性是让全世界球迷狂热的重要原因。"也就是说，足球比赛的结果带有偶然性，很多时候比赛的结果是不可预知的，这一点使很多人被足球吸引，为足球狂热。正确答案是B。

89. 对球迷来说，"几万、十几万球迷热热闹闹地为各自喜欢的球队呐喊、加油，这种气氛让他们觉得很享受"。众多的球迷在一起为自己喜欢的球队加油，这是一种非常热闹的气氛。正确答案是C。

90. 短文一开始就提出问题："为什么足球会有这么大的魅力呢？"接下来又从足球运动对参与者的要求、足球比赛结果的偶然性、球场上的帅哥、足球比赛的气氛几个方面解释了足球运动受到大家喜欢的原因。由此可知，短文主要谈的是足球运动受欢迎的原因。正确答案是D。

三、书 写

第 一 部 分

91. 这个句子的主语是名词"说法",形容词"片面"可以做谓语,"代词+量词"结构"这种"应放在名词之前,程度副词"太"应放在形容词之前。正确答案是"这种说法太片面。"

92. 这个句子中的重要词语是"生老病死""是一个""规律",组成句子"生老病死是一个规律"。形容词"必然"应该放在名词"规律"前作定语。正确答案是"生老病死是一个必然的规律。"

93. 这个句子中的重要词语是"人口""达到了""五亿三千万",组成句子"人口达到了五亿三千万"。"这个国家"应该放在"人口"前作定语,副词"已经"应该放在动词"达到"前作状语。正确答案是"这个国家的人口已经达到了五亿三千万。"

94. 词语中有一个动词"让",那么这个句子很可能是个兼语句"什么让谁怎么样",其他重要词语有"有压力""关怀",组成句子"关怀让人有压力"。"过多的"是一个定语,应该放在主语前面。正确答案是"过多的关怀让人有压力。"

95. 这个句子中主语是名词"妈妈",动词是"是"。"我""最敬爱的"是定语,应放在名词"人"的前面,组成句子"妈妈是我最敬爱的人"。"之一"常常用在"……是……之一"句型中。正确答案是"妈妈是我最敬爱的人之一。"

96. 这个句子中的主语是名词"步骤",谓语是动词"省略","不能"放在动词前,组成句子"步骤不能省略"。"很多"是定语,放在名词"步骤"前作定语,组成句子"很多步骤不能省略","是"和"的"可以组成强调句式"是……的"。正确答案是"很多步骤是不能省略的。"

97. 词语中有"被",说明这个句子是"被"字句,"被"字句的一般结构是:主语+"被"(+宾语)+动词+其他成分。主语是"这个国家",宾语是"民族","动词+其他成分"是"统治过"。指示代词"其他"放在名词"民族"前作定语,副词"曾经"放在"被"的前面。正确答案是"这个国家曾经被其他民族统治过。"

98. 词语中有"把",说明这个句子是"把"字句,"把"字句的一般结构是:主语+"把"+宾语+动词+其他成分。名词"支票"可以做"把"的宾语,动词"带"后面需要有其他成分,可以加"着",组成句子"把支票带着"。"那张"放在名词前作定语,"别忘了"常常用在"别忘了做什么"句型中,放在"把"的前面。正确答案是"别忘了把那张支票带着。"

第 二 部 分

99. 在五个词中,"游览""摄影""排球"都是某种活动或运动,"健身房"是做运动、健身的场所,又有一个动词"热爱",可以判断出内容可能是关于兴趣爱好的。要说明以上列出的几种爱好,并且指出拥有爱好给人带来的好处。

    参考答案:
    每个人都有自己的爱好。有的人喜欢运动,比如打打排球或者去健身房锻炼锻炼;有的人热爱摄影,走到哪里都带着相机;有的人喜欢旅游,愿意到世界各地去游览。爱好会让人们的生活变得更加丰富多彩。

100. 通过汽车、建筑、这个人的穿着打扮以及那根长长的管子,可以判断这是在加油站。大家知道,加油站是禁烟的,但是这个工人加油的时候嘴里却叼着一根烟。可以知道这张图片是要说明在加油站,特别是正在加油的时候抽烟的危害。

    参考答案:
    大家都知道,汽油是一种非常容易燃烧的物质,所以在加油站抽烟是很危险的,也是绝对被禁止的。如果在加油的时候抽烟,不但有可能害了自己,而且也有可能害了别人。

HSK（五级）全真模拟试题（第10套）题解

一、听 力

第 一 部 分

1. 女的问男的能不能帮她重新安装一下电脑系统，男的说可以，让她稍等一会儿。正确答案是 B。

2. 男的让女的尝尝他做的黄瓜炒鸡肉片怎么样，女的吃了一口之后问男的他是不是忘了放盐。由此可知，女的觉得男的做的菜味道有点儿淡。正确答案是 C。

3. 女的说她离过婚，但是没有孩子，对男方的要求是：可以有孩子，但是孩子的年龄最好不要超过 5 岁。男的听了以后，让女的先填一张表。由此可知，他们很可能在婚姻介绍所。正确答案是 D。

4. 男的问女的大家对于新的分配方案是什么态度，女的说，"个别人有些想法"，但是女的跟他们沟通过以后，已经没意见了。也就是说，大家现在都同意这个方案。正确答案是 C。

5. 男的说，谁有需要老张都会主动地去帮助他。也就是说，老张是一个很热心的人。正确答案是 B。

6. 男的问女的选择回国工作的原因，女的说因为她的根在中国，她"热爱祖国的这片土地"。"这片土地"在这里指的就是祖国。也就是说，女的回国工作是因为她热爱自己的国家。正确答案是 C。

7. 女的说今天是 12 月 27 号，男的说明天是他们的结婚纪念日。也就是说他们的结婚纪念日是 12 月 28 号。正确答案是 D。

8. 男的说这块地他们一定要买下来，女的说在办手续，"估计没什么大问题"。也就是说，女的对这件事比较有把握。正确答案是 B。

9. 女的问男的为什么把世纪广场的项目交给她做，男的说因为刘经理让他负责另外一个项目。也就是说，现在世纪广场的项目改由女的来做。正确答案是 A。

10. 男的说他在校运会 100 米短跑中取得了 11 秒 02 的成绩，女的说："唉，只差一秒就能创造新的纪录了！"由此可知，女的觉得没破纪录很遗憾。"唉"是表示惋惜，遗憾的叹词。正确答案是 B。

11. 女的问男的用不用给女儿开个账户，"把爷爷奶奶给她的钱都存起来"，男的说没有这个必要，把钱存进女的的卡里就可以了。也就是说，男的觉得不用另外给女儿开一个账户。正确答案是 C。

12. 男的问女的投资这样一个小公司的原因，女的说因为"这种游戏软件将来的市场很大，一定会发展得很好"。也就是说，女的认为这个小公司将来有发展前途。正确答案是 B。

13. 男的说他的新工作"虽然待遇一般，但是工作环境还可以，同事关系也不错"。"待遇"的意思是"工资、福利等"。正确答案是 A。

14. 男的问女的，"这两种羽毛球有什么差别"，女的说贵的这种羽毛球毛的强度更好，建议男的先买一个试一下。由此可知，男的在买羽毛球。正确答案是 C。

15. 女的问男的能不能帮她去幼儿园接一下宁宁，男的说他"很荣幸地接受这个任务"。"荣幸"的意思是"光荣而幸运"。也就是说，男的很愿意去接宁宁。正确答案是 C。

16. 男的问这种药吃半年会不会对胃有影响，女的说这种药的成分比较温和，对胃的刺激不大。由此可知，女的很可能是医生。正确答案是 A。

17. 女的觉得这种锅很贵，男的说，"这种锅的锅底很厚"，能保证受热均匀，非常适合煎、炸食物。也就是说，这种锅加热很均匀。正确答案是 B。

18. 男的说他最喜欢康熙皇帝,因为他觉得"他的政治和军事能力都非常优秀",女的说她喜欢唐朝的皇帝李世民,"因为唐朝是中国历史上文化最繁荣的朝代"。由此可知,他们在谈论自己喜欢的皇帝。正确答案是 B。

19. 女的问男的能不能找人帮她修一下卫生间的水管,男的说,"没问题",并且请女的把下个月的房租交一下。由此可知,女的是租房子住的。正确答案是 A。

20. 女的说,"外面的天都黑了",他们都忘了吃饭的事儿了。由此可知,现在应该是晚上。正确答案是 D。

第 二 部 分

21. 女的听说男的在学心算,问男的 28 的立方是多少,男的说是 21952,女的用笔计算了一下,说,"算得真准确"。由此可知,男的计算得很准确。正确答案是 B。

22. 男的觉得长城很雄伟,如果不来的话,一定会后悔,他想和女的拍个合影,"回去给同学们看看"。由此可知,男的觉得长城很值得一看。正确答案是 C。

23. 女的说这次围巾的颜色好像跟上次的不一样,男的说:"每一批围巾的颜色不会完全一样,但材料、样式和质量都是相同的"。也就是说,这条围巾除了颜色以外,其他方面跟上一条是一样的。正确答案是 A。

24. 女的听说男的要去参加相亲,觉得很吃惊,并且说她自己肯定不会去参加相亲活动的。正确答案是 D。

25. 女的说合同没问题了,明天跟公司的总裁见面再讨论一下,男的说:"如果双方意见一致,后天就可以签合同了"。由此可知,他们有可能在后天签合同。正确答案是 C。

26. 男的说他爸爸的手术费需要20万，想跟女的商量一下，能不能先把他们家的车卖掉，女的说，"行，车差不多能卖十五六万，剩下的钱咱们再想办法"。由此可知，女的同意把车卖掉。正确答案是B。

27. 女的看见男的上午一直打喷嚏，让男的吃点儿治疗过敏的药，男的说药物基本上没有作用，所以"每年春暖花开的季节"，他都觉得很痛苦。"春暖花开"的意思是"春天暖和了，所以花儿都开了"，所以现在应该是春天。正确答案是A。

28. 男的说他晚上要加班，请女的帮他把那件蓝色的衬衫烫一下，他明天要穿。由此可知，男的让女的烫衣服。正确答案是B。

29. 女的说对手是世界冠军，自己可能打不赢她，男的说女的技术比对手好，只要能调整好心理状态，就一定能"拿下这场比赛"。"拿下这场比赛"的意思是"赢了这场比赛"。由此可知，男的相信女的能赢。正确答案是C。

30. 男的说桃十五块钱一斤太贵了，女的说，"已经比别的店都便宜了"。也就是说，这些桃的价格不能再便宜了。正确答案是D。

31. 男的说，"如果没有海洋就好了"，那样的话就能盖很多房子。正确答案是B。

32. 女的说，"最重要的是，海洋可以调节气候"。也就是说，海洋最重要的作用是调节气候。正确答案是A。

33. 女的说圆圆会在别的小朋友听课的时候，站起来去拿个玩具什么的，男的说他们也发现，圆圆的"注意力不太容易集中"。由此可知，圆圆的问题是上课的时候注意力不集中。正确答案是B。

34. 女的说圆圆别的方面表现得都不错，只是上课的时候注意力不集中，不过由于圆圆刚上幼儿园，"这种情况也是正常的"。男的问女的应该怎么做，女的建议在圆圆看书、玩儿玩具的时候，尽量给她一个安静的环境。由此可知，男的和女的应该是家长和老师的关系。正确答案是C。

35. 短文中提到妻子让丈夫洗碗，但是丈夫洗了三只碗就去看电视了。妻子问他时，他说"你不是只让我洗'碗'的吗"，由此可知，丈夫只洗了碗。正确答案是 A。

36. 短文中提到妻子对丈夫说："你不是要'吃饭'吗？怎么能吃肉呢？"也就是说，因为丈夫只说了他要"吃饭"，而没有说他要"吃肉"，所以妻子不让他吃肉。正确答案是 B。

37. 短文中提到这次活动"从 2012 年 9 月 20 日至 2012 年 10 月 20 日"，举行一个月。正确答案是 C。

38. 短文中提到在这次活动期间，买衣服可以打八折，其他商品打九折，所以 A 和 B 不对。顾客买东西达到 599 元，"可凭发票至七楼服务台领取一份精美的小礼物"，所以 C 不对。另外，国庆节期间营业时间延长至晚上 22 点 30 分。也就是说，国庆节期间，商场的营业时间会延长。正确答案是 D。

39. 短文中提到"皇帝要装饰寺庙的墙壁"，所以请画家在墙壁上作画。正确答案是 B。

40. 短文中说画家画的每一条龙虽然样子不同，但都"非常生动形象，看起来像活的一样"。"生动"的意思是"具有活力，能使人感动"，"形象"的意思是"描写人或事物像真的一样"。也就是说，画家画的龙像真的一样。正确答案是 D。

41. 短文中说，画家说他之所以没给龙画眼睛，是因为如果他给这些龙画上了眼睛，它们就会飞走。也就是说，画家没给龙画眼睛是因为担心龙会飞走。正确答案是 A。

42. 短文中说画家给其中两条龙画上了眼睛，那两条龙都活了，然后飞走了，剩下没有画眼睛的两条龙还留在墙壁上。正确答案是 B。

43. 短文中说"绿色食品"受到提倡后,农民家的土鸡蛋在城里越来越受欢迎。"提倡"的意思是"指出事物的优点并鼓励大家使用"。因此,小言决定回家乡养鸡、卖鸡蛋。正确答案是 D。

44. 短文中说客人们都觉得小言卖的鸡蛋太小了,所以不愿意买。正确答案是 A。

45. 短文中说由于小言的手又大又粗,所以鸡蛋放在他的手里就显得很小。而同样的鸡蛋放在妹妹的手里却显得大,客人也愿意买,所以小言就让妹妹小雨去卖鸡蛋。正确答案是 D。

二、阅 读

第 一 部 分

46. "背"的意思是"凭着记忆念出读过的文字";"抄"的意思是"照着已经写好的文章、文稿等再写一遍";"存"的意思是"放在一个地方保存";"瞧"的意思是"看"。根据题意,那位名人虽然把那篇文章重复读了很多遍,但是还是不能凭着记忆把那篇文章念出来。正确答案是 A。

47. "移动"的意思是"改变原来的位置";"接近"的意思是"靠近";"躲藏"的意思是"把自己的身体隐藏起来,使别人看不见";"躲避"的意思是"故意离开或者隐藏起来"。根据题意,小偷把自己的身体隐藏在窗外,不想让别人看见他,是为了等那位名人睡着了之后偷东西。正确答案是 C。

48. "痛快"的意思是"非常高兴";"愤怒"的意思是"因为非常不满而激动";"迅速"的意思是"速度非常快";"单纯"的意思是"简单,不复杂"。根据题意,小偷一直在等那位名人睡觉以后偷东西,可是那位名人还在不停地重复那篇文章,小偷等了很久,非常不满,非常生气,跳出来说,"你这种水平还读什么书",小偷自己把那篇文章背了一遍之后走了。正确答案是 B。

49. "显示"的意思是"明显地表现";"显得"的意思是"表现出(某种情形)";"公布"的意思是"公开发布(法律、命令等),使大家知道";"叙述"的意思是"把(看到的或听到的)记下来或说出来"。根据题意,那个水平非常差的医生不喜欢读书,却买了很多医书,想用这个方法表现自己很有学问。正确答案是 A。

50. "念"的意思是"出声地读";"摆"的意思是"安放,排列";"晒"的意思是"使东西被太阳照";"抄"的意思是"照着已经写好的文章、文稿等再写一遍"。根据题意,由于下了几天大雨,所以庸医把自己的藏书搬到院子里让太阳照射。正确答案是 C。

51. 短文中说，李时珍露出自己的肚子，说他也在晒书，庸医问他的书在哪儿，李时珍笑着拍了拍自己的肚皮，意思是说他的书装在肚子里。正确答案是 B。

52. "佩服"的意思是"感到可敬而心服"；"鼓舞"的意思是"使人情绪高涨，增强信心或勇气"；"抗议"的意思是"对某些言论、行为等表示强烈反对"；"讽刺"的意思是"用比喻、夸张等方式对人或事进行批评或否定"。根据题意，李时珍看见庸医得意地晒书，就用晒肚子的方式批评庸医只买书，不读书，所以庸医惭愧得满脸通红。正确答案是 D。

53. "行业"的意思是"职业的类别"；"贸易"的意思是"货物买卖，多指国内不同地区之间或国与国之间的"；"讲座"的意思是"针对某一个问题专门组织的报告会"；"家务"的意思是"家庭生活中的事情"。根据题意，妈妈正在洗衣服，家中有事要做，所以请小马帮她送粮食。正确答案是 D。

54. "推辞"的意思是"表示不能接受别人的邀请或赠送（礼物）等"；"答应"的意思是"同意别人的要求、请求等"；"取消"的意思是"原来的约定、制度等不再有效了"；"抗议"的意思是"对某些言论、行为等表示强烈反对"。根据题意，妈妈请小马帮她把粮食送到熊奶奶家去，他背着粮食来到了河边，也就是说小马同意了妈妈的要求。正确答案是 B。

55. "犹豫"的意思是"不知道应该做怎样的决定"；"悲观"的意思是"对未来缺乏信心和希望"；"惭愧"的意思是"知道自己有错或没有尽到责任而心中不安"；"糊涂"的意思是"头脑不清楚，对事物的认识很乱"。根据题意，小老鼠说这河很深，让小马别下去，而老黄牛却说这河很浅，小马过得去，这让小马不知道该怎样做决定，也就是说他犹豫了。正确答案是 A。

56. 根据题意，小马自己试过以后才发现"河水既没有小老鼠说得那么深，也没有老牛说得那么浅"，所以小马明白了，只有自己亲自试过之后，才能知道河水的深浅。正确答案是 C。

57. "激动"的意思是"(感情)因为受到刺激而不稳定";"轻松"的意思是"不紧张";"激烈"的意思是"动作力量大,速度快";"冒险"的意思是"不顾危险地去进行某种活动"。根据题意,美式足球、篮球和网球这些运动不但紧张,而且动作的力量大、速度快,所以不太适合中老年人。正确答案是 C。

58. "启发"的意思是"通过例子、提示等引起人的思考,使人明白或发现(某种道理、意思)";"感受"的意思是"心里受到(某种影响),体会到";"体验"的意思是"通过亲自经历来了解、认识"。根据题意,有一个人看到网球之后,引起了他的思考,他"把球网升高,并把球架搬到了室内,用手来代替球拍",这样中老年人就可以玩儿了。正确答案是 A。

59. 根据题意,那个人想用手来代替球拍打球,但是篮球太大,网球太小,一个太大,一个太小,所以都不合适。正确答案是 B。

60. "原则"的意思是"说话、办事所依据的标准";"规律"的意思是"事物之间内部的、必然的联系";"细节"的意思是"很小的环节或情节";"规则"的意思是"规定的大家都应该遵守的制度"。根据题意,随着排球这种运动的发展,比赛中规定的大家都应该遵守的制度也逐步得到了修改和完善。正确答案是 D。

第二部分

61. 短文中说朋友每天对那个卖报纸的师傅说谢谢,但那个师傅却没有反应,"我"不明白朋友为什么还对他那么客气,朋友说:"为什么我要让他决定我的行为?"也就是说,朋友认为人应该根据自己的想法来做事,不要受别人的影响。正确答案是 C。

62. 短文中说,"16世纪以后欧洲人来到美洲大陆,发现可可是一种宝贵的经济植物",并且在西班牙建立了生产巧克力的工厂。也就是说,可可具有很高的经济价值。正确答案是 A。

63. 短文中提到布莱在推销热红茶的时候,"不小心把一堆冰块儿掉进了红茶桶里",结果他发现,冰红茶的味道也很好,于是就卖起了冰红茶。由此可知,冰红茶是一个意外的发明。正确答案是 D。

64. 短文中说孩子通过交一个好朋友"可以从中学会讲礼貌,学会体贴,学会合作",而且有研究也表明,"交朋友的能力在很大程度上决定了孩子一生的发展"。也就是说,交一个好朋友对孩子的一生都有重大的意义。正确答案是 C。

65. 短文中提到龙套演员的主要作用就是陪衬主要角色,"陪衬"的意思是"附加其他事物使主要事物更加突出","所以当一个人在集体中,做一些不太重要的工作时,就被称为'跑龙套'"。也就是说,"跑龙套"是做一些不太重要的工作。正确答案是 D。

66. 短文中说,"为了让孩子养成良好的吃饭习惯,平时不要给孩子吃零食、甜食以及油煎、油炸食品"。也就是说,吃这些东西对孩子不好。正确答案是 B。

67. 短文中提到在中国,很多人搬进新家时,"会请亲朋好友到新家做客",并且请客人在新家吃饭。也就是说,搬新家时要请客人在新家吃一顿。正确答案是 C。

68. 短文中说,"燃烧煤炭引起的烟雾污染是大气污染的主要原因",所以为了保护环境,"要严格控制燃煤污染物的排放"。也就是说,为了保护环境,要减少煤炭燃烧时造成的污染。正确答案是 A。

69. 短文中提到昨天清晨的浓雾使很多地区的能见度不到 100 米,"给交通带来了很大的影响"。也就是说,昨天的浓雾影响了交通。正确答案是 D。

70. 短文中说"我"在阳台上看风景时,"发现对面女生宿舍里一位漂亮的女孩儿拿着一块布在向我挥手",于是"我"也向她挥手,但是后来"我"才反应过来,"原来她在擦玻璃"。也就是说,"我"误会了那个女孩儿。正确答案是 C。

第 三 部 分

71. 短文中说这个郑国人的鞋子破了,所以准备去买一双新的。正确答案是 C。

72. 短文中说这个郑国人准备看一下新鞋子的大小时,"忽然想起小绳子被放在家里忘记带了",于是赶紧回家去拿绳子了。正确答案是 A。

73. 短文中提到郑国人认为绳子量的大小才可靠,他的脚是不可靠的,他"宁可相信绳子,也不相信自己的脚"。也就是说,他不试穿鞋子是因为他不相信自己脚的大小。正确答案是 D。

74. 短文中说学生们问哲学老师如何才能坚持真理。也就是说学生们想知道如何坚持真理。正确答案是 B。

75. 短文中提到老师拿着一个苹果,从学生们旁边走过,让学生们"注意闻空气中的气味",然后问:"有哪位同学闻到苹果的气味了?"也就是说,老师拿着苹果从学生旁边走过来是想让学生闻闻苹果的气味。正确答案是 C。

76. 短文中提到老师第一次提问谁闻到了苹果的气味时,只有一位同学举手说他闻到了。正确答案是 A。

77. 短文中提到最后所有学生都说闻到苹果的香味了,老师很失望地说其实那是一个假苹果,"什么味儿也没有"。也就是说,因为学生们没有坚持自己的判断,所以老师感到很失望。正确答案是 C。

78. 短文中说那个时候股票刚刚进入老百姓的生活,"敢于吃螃蟹的人都赚了很多钱"。也就是说,那时对于很多人来说,炒股还是一件新鲜事,而且炒股有可能赚钱,也有可能赔钱,是有风险的,而敢于冒险的人都赚了很多钱。正确答案是 A。

79. 短文中提到叔叔带着辛苦存下来的六万块钱开始炒股票,"在经历了一番涨涨跌跌之后",六万块钱都赔了进去。"赔"的意思是"做买卖损失了本钱",也就是说,叔叔的第一次投资失败了。正确答案是 B。

80. 短文中提到叔叔说他虽然不能告诉有钱人赚钱的方法,但是他凭着自己失败的经验,可以告诉有钱人"什么是不能做的,做了一定会有损失"。也就是说,叔叔可以给有钱人提供失败的教训。正确答案是 D。

81. 短文中提到叔叔"在总结自己的失败经验和有钱人的成功经验之后",又出来自己干,现在已经有了几千万的资产。也就是说,叔叔最后还是成功了。正确答案是 C。

82. 短文中说叔叔虽然刚开始失败了,但他没有放弃,而是从失败中总结教训,并且最后取得了成功。短文最后说,"智慧的人会把失败看成是通往成功的通道"。也就是说,我们从失败中总结教训也可以取得成功。正确答案是 C。

83. 短文中提到在高一的时候,李想就规划了自己的将来,那就是做一名电脑杂志编辑。正确答案是 B。

84. 短文中说随着网站的访问量越来越大,很多商人来找李想,让他在网站上做广告,所以"高三一年,他赚到了10万元"。正确答案是 C。

85. 李想在谈到未来的规划时说:"第一要实现自己的价值。"正确答案是 A。

86. 短文说李想在19岁的时候就"决定放弃考大学开始创业",他说服父母,让父母接受自己的选择,然后和朋友成立了一个网站。由此可知,李想只是个高中毕业生。正确答案是 D。

87. 短文中说如果一个人总想不快乐的事情,那么"他的情绪会深受影响",时间长了,"甚至会发展成一种病态的情绪"。也就是说,如果人总想不快乐的事情,情绪会变得非常不好。正确答案是 A。

88. 短文中说那对夫妻虽然工作很辛苦，还要做家务，但是他们总是"以苦为乐"。"以苦为乐"的意思是"把辛苦或痛苦当作快乐"，也就是说，他们虽然过得很辛苦，但是他们都很快乐。正确答案是 D。

89. 短文中提到哲学家建议我们每天起床时要提醒自己面带笑容，这样我们天天都会感到快乐。正确答案是 C。

90. 短文中提到我们的生活可能不会改变，但是"从不同的角度、用不同的心态去看问题，我们的心理感受就会完全不同"。如果"常去注意生活中那些美好的事物"，每天保持愉快的心情，那么我们天天都会感到快乐。由此可知，短文主要谈的是如何保持快乐的心情。正确答案是 B。

三、书 写
第一部分

91. 名词"残疾人"可以作句子的主语,动词"得到"可以作句子的谓语,名词"关怀"可以作"得到了"的宾语,组成句子"残疾人得到了关怀"。"政府的"可以放在"关怀"的前面作定语。正确答案是"残疾人得到了政府的关怀。"

92. 代词"我们"可以作句子的主语,动词"面临"可以作句子的谓语,名词"挑战"可以作"面临"的宾语,组成句子"我们面临着挑战"。数量短语"一个"作定语应放在名词"挑战"的前面,形容词"巨大"和结构助词"的"合在一起可以作"挑战"的描写性定语,应放在数量短语"一个"的后面。正确答案是"我们面临着一个巨大的挑战。"

93. 这个句子中有一个介词"被",很可能组成"被"字句。"被"字句的一般结构是:主语+"被"(+宾语)+动词+其他成分。代词"她"可以作主语,名词"卡车"作宾语应放在"被"的后面,动词"撞"和结果补语"伤"应放在宾语"卡车"的后面。正确答案是"她被卡车撞伤了。"

94. 动词"讲"跟名词"笑话"组成动宾短语"讲笑话",可以作句子的主语,助动词"可以"应该放在动词"活跃"的前面,"气氛"可以作宾语。正确答案是"讲笑话可以活跃气氛。"

95. 代词"她"可以作句子的主语,动补短语"舍不得"可以作句子的谓语,动词"买"和名词"戒指"组成动宾短语"买戒指",可以作宾语,组成句子"她舍不得买戒指"。"这么贵的"作定语应放在名词"戒指"的前面。正确答案是"她舍不得买这么贵的戒指。"

96. 名词"想法"可以作句子的主语,形容词"天真"可以作句子的谓语。"他的"作定语应放在名词"想法"的前面,副词"很"作状语应放在"天真"的前面。正确答案是"他的想法很天真。"

97. 名词"玩具"可以作句子的主语,"设计得"可以作句子的谓语,形容词"巧妙"和副词"很"可以合在一起作情态补语放在"设计得"的后面,组成句子"玩具设计得很巧妙"。"这个"作定语应放在名词"玩具"的前面。正确答案是"这个玩具设计得很巧妙。"

98. 这个句子中有一个介词"把",很可能组成"把"字句。"把"字句的一般结构是:主语+"把"+宾语+动词+其他成分。名词"收据"可以放在"把"后作宾语,"放(到)"是谓语动词,接在宾语的后面,"抽屉"的"里面"组成处所短语"抽屉里面"作为"放"的补语,放在"放到"后面,动词"请"常用于祈使句,放在句子的开头。正确答案是"请把收据放到抽屉里面。"

第 二 部 分

99. 在这五个词语中,由"除夕"和"传统"可以知道短文的主要内容是关于中国传统节日春节的,"热闹"可以用来描写过春节时的气氛,"祝福"是人们相互之间的祝愿,"饺子"是春节时吃的东西。

    参考答案:
    春节是中国最大的传统节日,春节的前一天叫除夕,这一天人们都会赶回家里陪家人过节。这一天,每家都会很热闹,除夕晚上12点家家都会吃饺子,人们互相祝福,希望新的一年一切顺利。

100. 图片上画的是以前的森林现在变成了沙漠,所以短文的主要内容应该是关于保护森林的。可以介绍一下出现这种结果的原因和我们现在应该做的事情等等。

    参考答案:
    由于环境的原因和人们的破坏,一片片的森林正在以惊人的速度消失而变成沙漠。也许几十年后,我们要对孩子说:"地球上曾经有森林存在过。"为了地球的将来,我们要保护森林,防止森林沙漠化。

北大版新HSK应试辅导丛书

五级 LEVEL 5

Papers with Solutions

SAMPLE TEST FOR 走进

NEW HSK

II 新 汉语水平考试
全真模拟试题及题解

刘影 夏小芸 沈灿淑 王建强 编著

北京大学出版社
PEKING UNIVERSITY PRESS

图书在版编目（CIP）数据

走进 NEW HSK：新汉语水平考试全真模拟试题及题解. 五级 Ⅱ/刘影，夏小芸，沈灿淑编著. —北京：北京大学出版社，2013.5
（北大版新 HSK 应试辅导丛书）
ISBN 978-7-301-21734-4

Ⅰ. ①走… Ⅱ. ①刘…②夏…③沈… Ⅲ. ①汉语—对外汉语教学—水平考试—题解 Ⅳ. ①H195-44

中国版本图书馆 CIP 数据核字（2012）第 294620 号

书　　　　名：	走进 NEW HSK：新汉语水平考试全真模拟试题及题解　五级 Ⅱ
著作责任者：	刘　影　夏小芸　沈灿淑　王建强　编著
责 任 编 辑：	任　蕾
标 准 书 号：	ISBN 978-7-301-21734-4/H·3194
出 版 发 行：	北京大学出版社
地　　　　址：	北京市海淀区成府路 205 号　100871
网　　　　址：	http://www.pup.cn　新浪官方微博：@北京大学出版社
电 子 信 箱：	zpup@pup.pku.edu.cn
电　　　　话：	邮购部 62752015　发行部 62750672　编辑部 62754144
	出版部 62754962
印　刷　者：	三河市博文印刷厂
经　销　者：	新华书店
	787 毫米×1092 毫米　16 开本　15.25 印张　282 千字
	2013 年 5 月第 1 版　2013 年 5 月第 1 次印刷
定　　　　价：	48.00 元（附 MP3 盘 1 张）

未经许可，不得以任何方式复制或抄袭本书之部分或全部内容。
版权所有，侵权必究
举报电话：010-62752024　　电子信箱：fd@pup.pku.edu.cn

出版说明

由国家汉办组织研发的新汉语水平考试（HSK）是一项国际汉语能力标准化考试，自2009年在全球开始推广以来，受到各国汉语学习者的普遍欢迎。

然而，与原HSK比较，新HSK在设计理念与测试目的等方面都有很大不同。新HSK强调"考教结合""以考促教""以考促学"，注重以鼓励策略促使考生汉语能力的发展。

在等级设置与题目设计上，新HSK也与原HSK有明显差异。新HSK设置了笔试6个等级和口试3个等级，扩大了考试的覆盖面；在题目设计上更强调测试考生的实际语言运用能力，而非语言知识的掌握程度。

面对新的测试理念和新的题型，很多辅导教师，特别是习惯于原HSK以语言知识解析的方式讲解考题的教师，往往觉得新HSK辅导无从下手，新的题型无从讲起。同时，很多考生因不了解新HSK的题型特点，往往不知如何复习备考。

北京大学出版社自新HSK推出以来，始终关注和全力支持新HSK的发展，对新HSK的测试理论与实践进行了较为深入的研究与探讨，并在此基础上，组织新HSK研究者和一线教师研发出版了一系列的仿真模拟试卷和应试辅导教材，为辅导教师和广大考生提供了有益的帮助。

本次出版的这套《走进NEW HSK：新汉语水平考试全真模拟试题及题解》共计9册：一级、二级和三级各1册，每册包括10套全真模拟试卷；四级、五级和六级各两册，每册包括5套全真模拟试卷。这套模拟试题主要有两大特点：其一是仿真程度高，严格遵循考试大纲并参照官方公布的考试真题设计；其二是题解注重实效，强调语言知识、应试技巧与答题思路的结合，从而为教师的辅导提供参考，更为考生复习备考指引门径。通过本套试题，考生不仅可以有效测试出现有水平，更有助于提高汉语运用能力，并掌握复习备考的方法及应试策略。

北京大学出版社
汉语及语言学编辑部

新汉语水平考试
HSK（五级）
全真模拟试题
（第6套）

注　意

一、**HSK（五级）分三部分：**

　　1. 听力（45题，约30分钟）

　　2. 阅读（45题，45分钟）

　　3. 书写（10题，40分钟）

二、**听力结束后，有5分钟填写答题卡。**

三、**全部考试约125分钟（含考生填写个人信息时间5分钟）。**

中国　北京　　　　　　　　　　××××/××××××　编制

一、听　力

第 一 部 分

第1—20题：请选出正确答案。

1. A 包含大部分项目
   B 价格不是太合理
   C 宾馆标准比较高
   D 交通费用自己出

2. A 门票
   B 座位
   C 朋友
   D 名片

3. A 约会
   B 教课
   C 系领带
   D 做早操

4. A 没有礼貌
   B 不好意思
   C 没戴眼镜
   D 眼睛不行

5. A 正在出差办事
   B 担心要下大雨
   C 在外面打电话
   D 已经收了被子

6. A 教训
   B 佩服
   C 体贴
   D 抗议

7. A 做手工
   B 学画画儿
   C 买胶水
   D 去寄信

8. A 有专门的舞厅
   B 卫生间比较大
   C 卧室有很多书
   D 房子在风景区

9. A 机票不能改
   B 可以先退票
   C 改日期要加钱
   D 机票不能打折

10. A 电影院
    B 火车站
    C 飞机场
    D 地铁站

11. A 解说员
    B 摄影师
    C 设计师
    D 售货员

12. A 男的是位农民
    B 梨被冻坏了
    C 女的想摘梨
    D 天气一直很冷

13. A 师生
    B 同学
    C 丈夫和妻子
    D 老板和职员

14. A 喜欢喝水
    B 消化不好
    C 希望苗条
    D 让人羡慕

15. A 上大学
    B 去开商店
    C 单独去旅游
    D 买生活必需品

16. A 是假货
    B 不好用
    C 比较贵
    D 不能换

17. A 不相信女的话
    B 自己不太慌张
    C 女的提醒错了
    D 登机牌在包里

18. A 喜欢吃花生
    B 对女的关心
    C 对花生过敏
    D 想得不周到

19. A 让男的付款
    B 在网上付钱
    C 收到货交钱
    D 去银行付款

20. A 经验
    B 自信
    C 知识
    D 能力

第 二 部 分

第 21—45 题：请选出正确答案。

21. A 肺不是太好
    B 抽烟很厉害
    C 劝男的戒烟
    D 父亲去世了

22. A 看电视剧
    B 学习做菜
    C 赞美丈夫
    D 主持节目

23. A 得把光盘擦干净
    B 电脑问题很严重
    C 暂时不能确定问题
    D 需要购买新的硬件

24. A 是男的妻子
    B 在海关工作
    C 希望加工资
    D 买了进口包

25. A 是个人才
    B 格外疲劳
    C 毫不谦虚
    D 追求权力

26. A 广告价格
    B 销售发票
    C 优惠日期
    D 商品种类

27. A 当个职员
    B 打工赚钱
    C 辅导中文
    D 去找工作

28. A 遇到了灾害天气
    B 刚刚从海边回来
    C 热得受不了了
    D 准备修理空调

29. A 蜡烛
    B 火柴
    C 蛋糕
    D 香烟

30. A 美术馆
    B 图书馆
    C 健身房
    D 电影院

31. A 女的爱吃零食
    B 女的正在减肥
    C 女的从没来过北京
    D 舅舅烧的菜不好吃

32. A 到舅舅家做客
    B 深入了解胡同
    C 参观名胜古迹
    D 完成毕业论文

33. A 十分轻松
    B 比较谨慎
    C 舍不得钱
    D 不太赞成

34. A 负责经营
    B 增加投资
    C 帮助注册
    D 提供指导

35. A 欢迎
    B 应付
    C 怀疑
    D 拒绝

36. A 帮忙登记
    B 负责招聘
    C 设计广告
    D 寻找客户

37. A 领导
    B 导游
    C 司机
    D 游客

38. A 人身的安全
    B 日程的安排
    C 车内的卫生
    D 车子的牌号

39. A 干活
    B 逃学
    C 聊天
    D 写诗

40. A 铜棒上有灰
    B 让铜棒更亮
    C 顾客要求这样
    D 把铁棒变成针

41. A 改进方法
    B 坚持到底
    C 用水来滴
    D 少说废话

42. A 糊涂
    B 可怕
    C 惭愧
    D 好奇

43. A 速度
    B 重量
    C 距离
    D 水深

44. A 在水中看得更清楚
    B 迅速提高游泳速度
    C 肌肉变得更有力量
    D 注意力更加集中了

45. A 石头
    B 硬币
    C 镜子
    D 糖果

二、阅 读

第 一 部 分

第46—60题：请选出正确答案。

46—48.

四个人来到一座桥边，这座桥架在空中，要抓着桥两边的绳子才能过去，不小心就会掉下去死掉。他们中一个是眼睛根本看不见的盲人，一个是耳朵听不见的聋子，剩下的是两个身体没有任何__46__的健全人。他们一个接着一个抓着桥两边的绳子往前走。结果呢？盲人和聋子过了桥，一个健全的人也过了桥，而另一个一开始就发抖，走到一半就掉下去__47__死了。盲人说："我眼睛看不见，不知危险，心里很__48__，就过去了。"聋人说："我的耳朵听不见，听不到脚下江水的声音，害怕就相对减少了。"那个健全的人说："我过我的桥，我只注意脚下稳不稳就行了。"

46. A 疾病　　　B 残疾　　　C 反应　　　D 疑问
47. A 晕　　　　B 醉　　　　C 摔　　　　D 恨
48. A 平静　　　B 幸福　　　C 满意　　　D 天真

49—52.

从前，有一位老人，他耳朵听不清，眼睛也快瞎了，身体还经常__49__。他坐在桌边吃饭的时候，常因为拿不住勺子，把汤泼在桌子上。他的儿子和儿媳妇觉得他麻烦，就把__50__放在一个破碗里，让他到边上单独吃。有一次，老人的手没抓紧，碗落到地上摔碎了，儿子就冲过来骂他，老人只好躲在一边伤心地哭。这时，旁边的小孙子蹲在地上，把碎片一块块__51__起来。父亲问："你在做什么？"孩子回答说："我做一个小碗，等我长大了，叫爸爸和妈妈用它吃饭。"

儿子和儿媳妇互相看着对方，一下子认识到了自己的错误，马上请老人坐回桌子旁边，从此，__52__。

49. A 受伤   B 移动   C 治疗   D 发抖
50. A 食物   B 饮料   C 原料   D 粮食
51. A 甩   B 顶   C 捡   D 滚
52. A 老人单独吃饭   B 他们对老人很孝顺
    C 孙子不理父母   D 他们仿佛是一家人

53—56.

　　李明请他的朋友到一家餐馆儿吃饭，李明对朋友说："这里的服务员对顾客所有的要求都答应，甚至即使你要一份阳光，他们也会假装照你的要求去拿，然后再抱歉地对你说阳光刚刚卖完。"朋友听后很怀疑，觉得李明是在 __53__ 。

　　于是，李明叫来一位服务员："请给我来两份恐龙肉。"朋友一听就笑了，恐龙六千万年前曾经在地球上生活过，可现在早就 __54__ 了，到哪里找肉呢？

　　"先生，请问您喜欢什么样的恐龙肉？"服务员依然面带微笑地问道。

　　"煮得老一点儿的。"

　　服务员记下了菜名就走了。不一会儿，她回来了："先生，真抱歉！"

　　"怎么，卖完了？"李明故意露出一副很失望的 __55__ 。

　　"先生，说实话，__56__ ，只是不太新鲜，我实在不想看到您的身体出问题，所以不忍心卖给您。"

53. A 胡说   B 回忆   C 谈判   D 推辞
54. A 宣布   B 寻找   C 消失   D 表明
55. A 姿势   B 特征   C 现象   D 表情
56. A 肉还有一点儿   B 我们没有肉
    C 恐龙消失了   D 肉已卖完了

57—60.

有家生产金属餐具的工厂主要生产勺子，有时勺子的把儿做不好，整个餐具就浪费了，十分可惜。一次，厂里的一位设计员去一家饮料店喝茶，他看到邻座的一个小孩儿拿着一把金属勺子在调热牛奶，金属传递热量比较__57__，孩子的手被烫了一下。这时他忽然想到：假如把那些废勺子的把儿换成用传递热量慢的材料来制作，__58__。

于是，这个设计员跑了许多玩具商店，通过__59__，发现各种动物造型的玩具最让儿童喜爱。回到厂里，他挑出几把废品勺子，砍下一段后再接上木制的动物形象，__60__出了一种新产品——又可爱又不烫手的勺子，很快就获得了小朋友们的喜爱。

57. A 急忙　　　　B 迅速　　　　C 谨慎　　　　D 明显
58. A 就能赚大钱了　　　　　　B 就不用金属了
　　C 就不会烫到手了　　　　　D 就能获得小朋友喜爱
59. A 观察　　　　B 检查　　　　C 幻想　　　　D 纪录
60. A 构成　　　　B 描写　　　　C 批准　　　　D 开发

第 二 部 分

第 61—70 题：请选出与试题内容一致的一项。

61. 怎样让家长成为孩子的朋友呢？首先家长和孩子之间要保持平等的关系，使孩子更关心家庭，孩子也容易接受父母的建议。另外要关心爱护孩子，孩子感受到家庭的温暖，就会主动向父母说出自己的心里话。

    A 家长要严格要求孩子
    B 孩子不用管家里的事
    C 孩子应该关心父母
    D 家长应该尊重孩子

62. 专家们设想在月球上建太阳能电站，把太阳能电池板大规模建设起来，发完电以后传回来，人类就不发愁能源问题了。不过现在问题是：第一，如何建太阳能电站；第二，怎么把电传回来。

    A 专家们想登月观察太阳
    B 大规模开发现在不实际
    C 人类不用担心能源问题
    D 目前月球上已可以发电

63. 为了让婚姻保持新鲜，现在有的年轻夫妻正在实行一种"五加二"生活。也就是周一至周五单独过，到了周末两人才一起过。有意思的是，对于这种同城却分开过的生活方式，父母们百分之百都持反对意见。

    A 夫妻周末在一起
    B 部分父母不支持
    C 他们婚姻不稳定
    D 没结婚可以这样

64. 提到手机的用途，很多人马上会想到打电话、发短信、上网……但未来手机的用途可远远不止这些，它可以是手上的银行、电影院、教室，可以为你提供定位服务，甚至可以远程控制家里的洗衣机和电冰箱。人类将迎来人与物、物与物之间互相连接的物联网时代。

A 未来手机用途更丰富
B 将来手机可以控制人
C 现在手机可以开冰箱
D 现在人们离不开手机

65. 养狗的人家可能会有这样的体验，当主人还没进屋的时候，狗仿佛就知道是主人回来了，一点儿都不紧张。但如果换了别人从屋外过，狗就会立刻站起来，有时还会叫。观察发现，人走路的习惯和左右脚轻微的不平衡使脚步声各有特点，狗可能是根据这些特征确定主人的。

A 主人一回家狗就很紧张
B 狗听脚步声判断是否是主人
C 人走路时双脚完全平衡
D 狗看走路方式确定主人

66. 中国人用虎、牛、马、猴、狗等12种动物代表12年，还用这些动物代表12个月。猴年里有一个月是马月，但是下一个猴年马月的情况就要出现在12年后了。所以如果一件事等待的时间比较长，同时结果也无法确定的时候，就用"猴年马月"来表示这段时间。

A 每一年都有猴年马月
B "马月"办事不顺利
C 12种动物代表了中国
D 猴年马月指时间很长

67. 所谓脚踩式洗衣机，就是人们像骑自行车那样通过链条传动，使得洗衣机里面的衣服转动起来。这种洗衣机不用电，另外与全自动洗衣机相比省时省水，又能锻炼身体。据说，这种洗衣机早在十几年前就出现了，现在世界资源缺乏，说不定哪天这种洗衣机就流行起来了。

A 这种洗衣机的用电量非常大
B 这种洗衣机洗起来时间太长
C 这种洗衣机很多年前就有了
D 这种洗衣机目前已经很流行

68. 中国功夫也叫武术，是从中国古代的生产劳动中产生的。它注重姿势的准确，同时也追求精神上的表达，要求练习功夫的人做到内外统一。它的目标不是打败别人，而是锻炼身体，培养坚强的个性。中国功夫派系复杂，其中以少林寺的功夫最为著名。

    A 中国功夫从战争中产生
    B 中国功夫重视精神表达
    C 中国功夫的目标是胜利
    D 中国功夫就是少林功夫

69. 像葡萄等紫色的蔬菜与水果不但好看，而且含有一种叫花青素的成分，具有强大的作用，可以阻止心脏病和脑中风的发生。如果患有心脑方面的疾病，常吃紫色食品益处很大。

    A 紫色水果好看但危险
    B 吃葡萄对心脏有好处
    C 紫色食品会让胃受伤
    D 花青素就是一种病毒

70. 有一对夫妻买了一部旧车，这部车进厂修理的时间比使用的时间还长得多，而且每次修理出厂后，都要使劲儿地推，才能发动。最近，这车子又经过了一次彻底的大修，但还是走走停停的。妻子很失望，但丈夫却说："亲爱的，我们该满意了，你没觉得经过这次大修，再推起来已经省力多了吗？"

    A 这车是新车
    B 丈夫很乐观
    C 这车很容易修
    D 这是辆手推车

第 三 部 分

第71—90题：请选出正确答案。

71—73.

一位孤单的旅游者在沙漠中迷路了，水也喝完了，就在这时，他突然发现身上还有一个梨。他惊喜地喊道："太好了，我还有一个梨，它能救我的命！"他把那个梨紧紧地握在手中，继续在沙漠里行走。很多次他对自己说："吃一口吧！"可是转念一想："还是留到最渴的时候吧！"于是他顶着烈日，继续艰难前行。就这样一直坚持了三天，终于走出了沙漠。他手中的那个梨，早已经干了，可是他还是把它像个宝贝似的握在手里。就是这一个梨给了他希望和勇气，使他走出沙漠，救了自己的命。

死神向来害怕希望，哪怕这希望只是一个已经干了的梨。

71. 这个旅游者怎么了？
    A 渴死了   B 迷路了
    C 没有吃的了   D 找到宝贝了

72. 这个梨对于旅游者来说：
    A 值得珍惜   B 没什么了不起
    C 就是死神   D 只是他的幻想

73. 作者认为希望：
    A 越大越好   B 要符合现实
    C 未必有用   D 能给人力量

74—77.

一个人工作了几年后，对朋友说："我要离开这家公司，我到现在连一点儿升职的机会都没有！"他的朋友建议道："我举双手赞成你离开！不过你现在离开，还不是最好的时机。"那个人不明白为什么，他的朋友说："如果你现在走，公司的损失并不大，你为公司工作那么多年，得到了什么呢？你应该利用在公司的机会，使劲儿去为自己寻找一些客户，然后带着这些客户突然离开公司，公司才会感受到你的重要性。"那个人觉得朋友说得很有道理，于是留下来更加努力地工作，半年后他有了许多的长期客户。再见面时朋友问他："现在是时候了，要跳槽就赶快行动吧！"那人平静地笑了笑说："老总跟我谈过，准备升我做副总，我暂时没有离开的打算了。"

要想得到重视，获得更多的机会，首先自己必须努力付出，显示出自己强大的能力。

74. 这个人为什么想要离开？
　　A 他搬到外地了　　　　　B 他没受到重用
　　C 他有了新的工作　　　　D 他朋友建议他的

75. 朋友建议他做什么？
　　A 发展自己的客户　　　　B 立即离开这公司
　　C 找总经理谈一谈　　　　D 对公司提出抗议

76. 第一段中的"跳槽"最可能是什么意思？
　　A 要求升职　　　　　　　B 换个工作
　　C 寻找客户　　　　　　　D 参加招聘

77. 作者认为要想获得升职必须：
　　A 向经理提辞职　　　　　B 听朋友的意见
　　C 加倍努力工作　　　　　D 经常参加辅导

78—82.

她1955年秋天在中国山东济南出生。5岁时，她突然得了重病，胸部以下全部瘫痪，完全没有了感觉。从那时起，她开始了自己独特的人生。

她虽然没有机会走进校门，却努力学习，学完了小学、中学的全部课程，自学了大学英语、日语、德语和世界语，并读完了大学课程。在读硕士研究生前，她被查出得了癌症，是鼻癌。手术后恢复的过程很痛苦，但她一边承受着痛苦，一边开始准备考试，最后她考上了吉林大学的哲学硕士。

1983年她开始文学创作，先后翻译了数十万字的英文小说，编辑或创作了《生命的追问》、《轮椅上的梦》等书籍。其中《轮椅上的梦》在日本和韩国出版，而《生命的追问》出版不到半年，就重印了三次。

为了对社会作出更大的贡献，她先后自学了十几种医学专著，同时向有经验的医生请教，学会了中医的针灸，为老百姓免费治疗达一万多人次。

这个人就是张海迪，她一生做了很多次手术，用她自己的话说，其实生命就像火，虽然每天都有可能完全消失，但是只要你努力地去吹，小小的火星就会被越吹越大，生命的火就会继续燃烧下去。

78. 根据上文，可以知道张海迪：
   A 热爱写文章　　　　　　B 在吉林长大
   C 一出生就得了重病　　　D 在中学接受过教育

79. 张海迪曾经学过什么？
   A 编辑　　　　　　　　　B 外语
   C 出版　　　　　　　　　D 内科

80. 张海迪的书：
   A 卖了很多钱　　　　　　B 只在中国出版
   C 受大家欢迎　　　　　　D 还在编辑当中

81. 张海迪学中医是为了什么？
    A 帮助普通的老百姓   B 多拿一个资格证书
    C 成为中医学院老师   D 开办自己的医药公司

82. 上文主要谈的是关于张海迪的：
    A 奋斗   B 婚姻
    C 作品   D 残疾

83—86.

　　一个专家组对 3500 个孩子出生 5 年后仍没有离婚的家庭做了一项调查。他们收集了这些家庭的男性分担家务、购物、照看孩子等情况的数据。这些家庭中，男性中 51% 责任心强，分担三项，25% 分担两项，24% 的男性仅分担上述任务的一项。

　　调查分析，"男主外、女主内"的传统对于当代家庭并不合理。1975 年以来，众多女性走出家门，使得劳动力市场结构发生了变化，传统观念中的男女角色受到挑战。虽然女性外出工作可能影响家庭稳定，但离婚风险会随着男性分担家务数量的增多而大大降低。调查表明，妻子做家务、丈夫基本不做家务的家庭比妻子在外工作、丈夫承担部分家务的家庭的离婚风险高 97%。
　　无论女性是否工作，男性分担家务可以使婚姻更稳定。其中，会做饭以及饭后收拾家务的男性，会使婚姻家庭更美满。

83. 分担一项的男性占了多少？
    A 24%   B 25%
    C 51%   D 97%

84. 劳动力市场结构变化是因为：
    A 婚姻不够保险   B 女性参加工作
    C 男性受到挑战   D 经济压力增加

85. 女性外出工作可能：
    A 促进夫妻感情　　　　　B 使婚姻更稳定
    C 影响家庭稳定　　　　　D 降低生活水平

86. 调查显示怎样使家庭更美好？
    A 女性专做家务　　　　　B 早点儿生孩子
    C 夫妻同时工作　　　　　D 丈夫分担家务

87—90.

中国人的"尊老敬老"通常都会很明显地体现在称呼上，比如"老先生""老人家"等，但现在老人的生活质量高、身体好，普遍显得年轻，老人心态也好，所以现在出现了一种"老哥"的叫法。

其实国外很多老人，尽管满头白发，甚至有的走路也不稳了，可心态却仍然年轻，对新事物也勇敢地去接受。这也许就有称呼上的原因，因为他们对男性均称"某某先生"，对女士都叫"某某女士"，就是在家里，小辈也可以直接喊他们的名字。

叫得年轻一点儿，就像给老人一种"您还年轻"的感觉，时间久了，老人会自然地接受这种称呼，心态因而也会变得年轻。所以，有专家建议，年轻人可以试着换个称呼，把家里老人叫年轻点儿，让老人感受到青春的气息。

87. "老先生"是对老人表示：
    A 同情　　　　　　　　　B 欣赏
    C 尊敬　　　　　　　　　D 鼓舞

88. 作者认为现在很多中国老人：
    A 缺乏锻炼　　　　　　　B 生活很好
    C 注重形象　　　　　　　D 不够勇敢

89. 作者认为国外很多老人：
   A 心态年轻　　　　　　B 老得太快
   C 身体太差　　　　　　D 不被孝顺

90. 上文主要谈了什么？
   A 老人长寿的秘密　　　B 中外老人不一样
   C 老人的生活方式　　　D 对老人的新称呼

三、书写

第一部分

第91—98题：完成句子。

例如：发表　　这篇论文　　什么时候　　是　　的

　　　<u>这篇论文是什么时候发表的？</u>

91. 已经　　删除　　被　　文章　　了

92. 书架上　　摆在　　可以　　照片

93. 不得了　　得　　单纯　　这个人　　简直

94. 承受　　压力　　让　　你　　别　　对方

95. 下去　　肯定　　他　　不会　　坚持

96. 诗人　　爱　　都　　很　　幻想

97. 怀念　　大学的　　我们　　生活

98. 召开了　　总统　　会议　　亲自

第 二 部 分

第 99—100 题：写短文。

99. 请结合下列词语（要全部使用），写一篇 80 字左右的短文。

　　调皮　逗　大象　观众　打招呼

100. 请结合这张图片写一篇 80 字左右的短文。

新汉语水平考试
HSK（五级）
全真模拟试题
（第 7 套）

注　　意

一、**HSK**（五级）分三部分：

    1．听力（45 题，约 30 分钟）

    2．阅读（45 题，45 分钟）

    3．书写（10 题，40 分钟）

二、**听力结束后，有 5 分钟填写答题卡。**

三、全部考试约 125 分钟（含考生填写个人信息时间 5 分钟）。

中国　北京　　　　　　　××××/××××××　编制

一、听　力

第 一 部 分

第1—20题：请选出正确答案。

1. A 胳膊伤得厉害
   B 服从领导安排
   C 肯定参加比赛
   D 比赛被推迟了

2. A 最近黄金大涨
   B 股票市场很好
   C 女的赚到钱了
   D 市场没有风险

3. A 名品店
   B 展览馆
   C 图书馆
   D 电影院

4. A 延长了两分钟
   B 气氛不够热烈
   C 经理批评了大家
   D 大家提出了意见

5. A 小时候吃得好
   B 姥姥照顾得好
   C 在农村玩儿得多
   D 干活儿干得较多

6. A 想买新的电视
   B 想修好旧电视
   C 旧电视寿命长
   D 要求男的赔偿

7. A 拿通知书
   B 去上大学
   C 参加旅游
   D 买牛仔裤

8. A 批评
   B 佩服
   C 羡慕
   D 委屈

9. A 警察
   B 小偷
   C 安装工
   D 摄影师

10. A 医生和病人
    B 老师和学生
    C 丈夫和妻子
    D 教练和学员

11. A 游览古塔
    B 等候大家
    C 拍摄照片
    D 收拾行李

12. A 从不认输
    B 钓到了鱼
    C 不满意男的
    D 钓鱼水平高

13. A 下周
    B 今天
    C 明天
    D 后天

14. A 考试已经取消
    B 要向别人打听
    C 上网查找消息
    D 不想跟人争论

15. A 劝女的做手术
    B 鼓励女的表演
    C 希望女的多吃
    D 不太会说好话

16. A 录了戏剧家的演唱
    B 无法用于戏剧研究
    C 内容是外国的戏剧
    D 录音质量有点儿差

17. A 撞车了
    B 失业了
    C 受伤了
    D 堵车了

18. A 上周三
    B 上周五
    C 本周三
    D 本周五

19. A 女的没什么魅力
    B 女的眉毛很自然
    C 男的喜欢浓眉毛
    D 男的在赞美女的

20. A 保险箱并不太保险
    B 密码要记在电脑里
    C 保险锁不会打不开
    D 人脑其实更加保险

第 二 部 分

第 21—45 题：请选出正确答案。

21. A 女儿锻炼去了
    B 父亲非常操心
    C 母亲担心女儿
    D 姑姑要来做客

22. A 可以上网
    B 自动录音
    C 接电话免费
    D 打长途省钱

23. A 开班时间不固定
    B 一个小时七十块
    C 买钢琴会有优惠
    D 一个班有很多人

24. A 很受欢迎
    B 价格便宜
    C 卖不出去
    D 味道很怪

25. A 叫醒工程师
    B 到饭店见面
    C 找位老同学
    D 转告他妻子

26. A 不断进行重复
    B 让女的看动画
    C 让女的抄一遍
    D 自己表演一下

27. A 船上
    B 家里
    C 飞机上
    D 旅行社

28. A 他年纪不大
    B 他想找医院
    C 他想要买花
    D 他现在不饿

29. A 喝酒
    B 闯红灯
    C 检查驾照
    D 打电话报警

30. A 电影引起了回忆
    B 他们正在谈恋爱
    C 女的已不再单纯
    D 爱情更加复杂了

31. A 喝咖啡
    B 写文章
    C 买保险
    D 看杂志

32. A 男的姓文
    B 男的事先约好了
    C 牛经理今天没空儿
    D 男的第一次买保险

— 3 —

33. A 他英文水平很高
    B 他看了很多遍了
    C 电影有中文字幕
    D 电影内容容易懂

34. A 出国读书
    B 考研究生
    C 去掉字幕
    D 控制自己

35. A 是个军人
    B 会修飞机
    C 常喝醉酒
    D 爱教训人

36. A 没有意思
    B 十分幸运
    C 不够善良
    D 非常厉害

37. A 气候一直潮湿
    B 海洋面积广大
    C 受冷暖空气影响
    D 现在正好是雨季

38. A 雨量很大
    B 没有大风
    C 将连续两次降温
    D 不受冷空气影响

39. A 老师
    B 学生
    C 农民
    D 路人

40. A 替他放羊
    B 派人帮忙
    C 解决困难
    D 追求真理

41. A 路不好走
    B 光线太暗
    C 小路太多
    D 有人打架

42. A 邻居太笨了
    B 羊都找到了
    C 大家都迷路了
    D 方向很重要

43. A 找不到遥控器
    B 买不到电视机
    C 电视不受控制
    D 网络突然断了

44. A 没有遥控器卖
    B 纸巾和遥控器分开装
    C 装纸巾的盒子比较多
    D 遥控器的盒子面积大

45. A 价格高
    B 样子好
    C 很实用
    D 材料新

二、阅 读

第 一 部 分

第46—60题：请选出正确答案。

46—48.

父亲给两个儿子分别买了篮球架，架子都是活动的，可以升高，也可以降低。小儿子开始投球的时候，把架子降得比较低，他很有__46__地一次又一次地投着，等十个球都能投进的时候，他就把篮球架升高一点儿。接着，他继续__47__这样的做法。而大儿子开始就把篮球架升得很高，几个球投不进去，他就不高兴了，只好把架子降低一点儿；接着再投，还是投不进去，他又不高兴了，把架子又降低了一点儿。过了一段时间，父亲来看看他俩的__48__，小儿子已经能投得很高了，大儿子却只能在很低的地方投球。

46. A 意义　　　B 耐心　　　C 原则　　　D 制度
47. A 综合　　　B 应用　　　C 重复　　　D 享受
48. A 状况　　　B 形势　　　C 题目　　　D 配合

49—52.

他辛苦写了一年的论文，就这样被专家否定了。他心里很不平衡，甚至想：那些专家有什么__49__来评论我的文章？他感觉有些灰心，什么也不想做。

他走到一条河边，碰到一个老人坐在河边叹气。就问："您为什么坐在这里？"

老人说："我无法过河，水里的石头有问题。"

他不明白，问："石头有什么问题？"

老人说："石头上长满了青苔，我一__50__就会滑倒，所以我过不了河，都怪这些石头！"

他走到水边看了看，果然像老人说的。他看了看老人身旁的草说："老人家，您何必__51__那些石头呢？只要我们在脚上捆一些草就不会滑了！"

过了河，老人轻叹了一口气说："我坐了三个小时，一直怪那些石头，自己却不想办法过河，这有什么用呢？"

他听了，好像突然明白了什么。是的，自己只知道怪那些专家，可为什么不静下心来，___52___？

49. A 兴趣　　　　B 背景　　　　C 理由　　　　D 资格
50. A 踩　　　　　B 摸　　　　　C 摇　　　　　D 转
51. A 保留　　　　B 比较　　　　C 责备　　　　D 处理
52. A 好好修改论文呢　　　　　　B 只想着抗议专家呢
　　C 什么事都不做呢　　　　　　D 提高自己的信心呢

53—56.

有一种鸟经过训练，会___53___别人说话。于是，它每天都说那几句话，逐渐地认为自己像人一样厉害，不把别的动物放在眼里了。

跟小鸟一起住在树上的还有一种虫子。天气太热，这种虫子就天天叫个不停。小鸟天天听，觉得___54___了，就对小虫嚷嚷起来："你能不能别叫了！天天叫来叫去，吵死了！我会说人话，也不像你这样烦。"

小虫听后笑笑说："你虽然会说人话，可你说的都是别人的话。我表达的都是自己的观点，___55___的都是自己的态度。你会说人话有什么用呢？"

小鸟听后，惭愧地低下了头。从此，___56___。

53. A 模仿　　　　B 强调　　　　C 启发　　　　D 评价
54. A 不得了　　　B 了不起　　　C 不耐烦　　　D 来不及
55. A 叙述　　　　B 询问　　　　C 显示　　　　D 体现
56. A 小鸟更加努力学话　　　　　B 小虫再也不敢叫了
　　C 它们天天都要吵架　　　　　D 小鸟再也不骄傲了

57—60.

　　牛仔裤最早诞生于经济不太__57__的地区。那些地区工人和农民比较多，这些人常常干重活儿，他们__58__的时候，需要结实的裤子，于是牛仔裤的发明者就用一种又便宜又结实的蓝布做裤子。到这些地方旅行的人们发现了这种裤子，常常会带回一条当__59__。没多久，牛仔裤就开始从工作裤变成了休闲裤，进入了人们的日常生活。每年有不同的时尚，__60__，为什么呢？它又实用又漂亮，穿起来很精神，也许这就是它的优势吧。

57. **A** 温柔　　　　**B** 讲究　　　　**C** 发达　　　　**D** 民主
58. **A** 执行　　　　**B** 劳动　　　　**C** 交际　　　　**D** 解放
59. **A** 纪念　　　　**B** 奇迹　　　　**C** 身份　　　　**D** 商品
60. **A** 牛仔裤却不够时尚　　　　**B** 休闲裤风格也在变
　　 C 休闲裤越来越大方　　　　**D** 牛仔裤却一直流行

第 二 部 分

第61—70题：请选出与试题内容一致的一项。

61. 怎样培养孩子的注意力呢？首先，家长要给孩子安排一个安静的小环境，给孩子个人活动的空间。另外，在孩子专心学习时，家长不要随便打扰，应在孩子学习完后，再提出要求。

　　A 不要随便打扰孩子
　　B 家长要常提出要求
　　C 房子大注意力更集中
　　D 注意力强的孩子安静

62. 中国平均每人拥有的水资源只是世界平均水平的四分之一，但中国人的用水量却十分巨大，像北京的人均用水量是世界平均水平的4倍。中国的大中城市，水资源缺乏已经成为一个严重的问题。

　　A 中国水资源很丰富
　　B 世界人均用水量大
　　C 大中城市严重缺水
　　D 中国人均水资源多

63. 粗粮是相对我们平时吃的白米、白面等细粮来说的，包括玉米、小米、绿豆和红豆等。每天在吃细粮的同时，吃适量的粗粮，能保证我们的消化系统正常运动，从而降低心脑血管病的风险。

　　A 粗粮促进消化
　　B 白米属于粗粮
　　C 豆腐属于粗粮
　　D 吃细粮有风险

64. 数码相机的产生意味着拍摄不再需要传统的化学暗房，图片稍微调整一下，连接上打印机就可以打印出照片，这大大降低了摄影艺术的门槛，使摄影走进了普通老百姓的生活。这也是数码相机除了环保之外，最值得肯定的地方。

   A 传统摄影也需要打印机
   B 数码摄影不算是门艺术
   C 数码相机的价格不普通
   D 数码相机更能保护环境

65. 主人出去旅行前，可以把宠物委托给"亲亲宠物公寓"照顾，让宠物享受个性化的服务。宠物吃完早餐后，服务员要清洁每个房间；晚餐后，服务员还会轮流带宠物出去散步。每隔三四天，服务员还会为这些宠物洗澡，做全身大清洁。

   A 主人常带宠物一起旅行
   B 宠物晚餐后轮流去散步
   C 宠物吃完早餐后要洗澡
   D 公寓三四天要打扫一次

66. 象棋，又称中国象棋，是象征着战争的一种古老游戏。象棋用具简单，下时只需要两人，谁先吃掉对方的将军谁就胜利。它趣味性强，在中国已成为极其广泛的体育活动。在中国的街头巷尾，经常可以看到两人下棋，身边一群人围着看的场面。

   A 象棋容易引起矛盾
   B 老人最喜欢下象棋
   C 象棋不适合老百姓
   D 象棋属于体育活动

67. 中国大部分人都喜欢红色，春节时会给小孩儿装了钱的红包，过节时街上常挂着红色的灯笼，中国的国旗也是红色。科学研究表明，中国60%以上人群的皮肤属于暖色，这种肤色的人穿红色最漂亮。从民族心理上讲，它表达出了一种热情勤奋的态度，这正是中国人最欣赏的。

A 春节要给小孩子买红衣服
B 中国60%的人都喜欢红色
C 过节一定要挂红色的灯笼
D 中国人欣赏勤奋热情的人

68. 中国古代神话中有八位神仙，他们有一次去天上开会，路上要经过东海。东海很大，但这几位神仙各有各的过海工具，他们有的坐在花篮里过海，有的用自己的乐器过海。后来，民间就用"八仙过海，各显神通"来说明每个人都有自己做事的方法，也都有自己的本领。

A 他们各有各的本领
B 他们准备参加比赛
C 他们是很普通的人
D 他们只能坐船过海

69. 10年前，使用信用卡消费还是少数人的行为，然而今天刷卡消费已经是"平民的行为"了。据统计，到2011年底，中国信用卡累计发卡量为2.85亿张，比上年同一时期增长24.3%。调查显示，商场、超市、购物中心是消费者使用信用卡最多的地方。

A 信用卡在中国历史悠久
B 有钱人更爱使用信用卡
C 信用卡发卡量迅速增加
D 消费者喜欢在餐厅刷卡

70. 小吴在信号灯前停车时，突然感觉到旁边一辆车里有人在向他挥手。他看过去，是个小伙子。他想是不是自己记忆力太差了，这说不定是个很久没见的客户。于是他就一直对人家笑，对方就着急地对他喊。后来他才明白，原来人家是告诉他油箱的盖子忘了关了。

A 对方是小吴的客户
B 小吴记忆力比较差
C 对方是在提醒小吴
D 小吴的后车门没盖

第三部分

第71—90题：请选出正确答案。

71—73.

在招聘过程中，考官最重视的是什么呢？

第一要有自信，大方地面对考官，勇敢地保持自己独特的个性，以坦率的方式和别人进行交流。千万不要别人说什么就是什么，要相信自己的能力，用这种能力去思考。

第二就是诚实，不要不懂装懂。人的能力有大有小，所以对于自己不了解的知识或问题，要勇敢地承认并向别人学习。

第三就是能承认错误。有些人对于明明知道是错误的事情，还一定要跟人辩论下去，导致矛盾得不到解决。其实，承认错误更能证明你是个谦虚诚实的人。

71. 怎么做才是自信的表现？
  A 花钱大方 B 独立思考
  C 批评别人 D 经常辩论

72. 承认错误能证明什么？
  A 自信大方 B 能力不够
  C 谦虚诚实 D 别人正确

73. 本文主要谈的是：
  A 交际 B 招聘
  C 谈恋爱 D 打招呼

74—77.

　　一位富有的商人在路边散步时，遇到一个穿着破旧的衣服在路边卖旧书的年轻人，年轻人在寒风中吃着发霉的面包。有着同样苦难经历的富商十分同情他，想也不想，便将一百块钱放到年轻人的手中，然后头也不回地走开了。没走多远，富商忽然觉得这样做不好，于是连忙走回来，从地上捡了两本旧书，并抱歉地解释说自己忘了取书了。富商还告诉年轻人说："其实，你和我一样也是商人。"

　　两年之后，富商受到邀请参加一个商业界的会议时，一位年轻的书商迎了上来，紧紧地握着他的手感激地说："先生，您可能早忘记我了，但我永远也不会忘记你。我一直认为我这一生的命运就只能是在路边卖旧书了，直到那天您亲口对我说，我和您一样都是商人，这才使我有了自尊和自信，从而创造了今天的成绩。"

　　同情可以帮助别人解决生活上的困难，但尊重却可以给人克服困难的信心。

74. 商人为什么同情年轻人？
　　A 年轻人一直哭　　　　B 他自己以前也很苦
　　C 年轻人破产了　　　　D 年轻人请求他买书

75. 富商对年轻人最大的帮助是什么？
　　A 请年轻人吃了顿饭　　B 给了年轻人一百元
　　C 买了年轻人两本书　　D 说年轻人也是商人

76. 那个年轻人：
　　A 现在成功了　　　　　B 很相信命运
　　C 忘记富商了　　　　　D 一直卖旧书

77. 本文主要谈：
   A 成功的经历   B 同情的意义
   C 尊重的力量   D 友情的奇迹

78—82.

在这个重视外表的时代，尤其是在文艺界里，周杰伦的成功有点儿<u>不可思议</u>。就像他自己所说："我大部分的女歌迷都不会对我说我很帅，相反地，她们会告诉我，她们喜欢我的音乐，被我的音乐吸引。"

据母亲回忆，周杰伦在学会走路前，就对音乐很敏感。周妈妈在他四岁的时候，就送他进钢琴班学琴，而且他十分努力，对钢琴很疯狂。高中钢琴老师说，周杰伦十几岁时，就可以当众表演。出了练琴的房间，周杰伦是个再普通不过的青少年，打篮球、看功夫电影、打游戏，在学习上并不优秀，大学都很难考上。

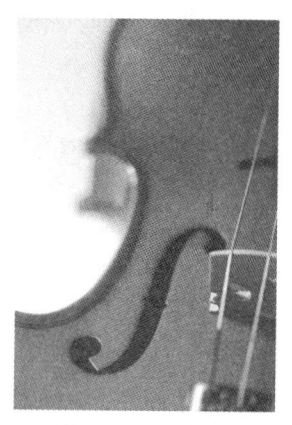

是音乐救了他，给他带来了幸运。有一次，朋友帮他报名参加一个节目，他不敢一个人表演，决定帮一位想当歌手的朋友写歌，并为他弹钢琴。那位想当歌手的朋友唱得很糟糕，但是主持人看了周杰伦写的歌，立即找到他，与他签了合同，让他专门为歌手写歌。

就这样，他用两年时间专心为歌手写歌，他写的歌总能流行起来。后来，他又从幕后走到台前，成为亚洲最流行的歌手之一。

78. 根据本文，可以知道周杰伦：
   A 喜欢弹琴   B 不打游戏
   C 成绩优秀   D 注重外表

79. 第 1 段中画线词语"不可思议"的意思是：
   A 不值得讨论   B 让人想不到
   C 不可以评价   D 没办法做到

80. 周杰伦对什么很敏感？
    A 篮球   B 功夫
    C 音乐   D 游戏

81. 关于那次节目，下列正确的是：
    A 周杰伦没有参加   B 周杰伦自己去报的名
    C 周杰伦唱得不好   D 周杰伦为朋友写了歌

82. 现在的周杰伦主要做什么？
    A 演戏   B 唱歌
    C 弹钢琴   D 开公司

83—86.

情人节的前两个月，一位心理学家在两对成长背景、年龄大小和交际过程差不多的恋人当中，做了这样一个送玫瑰花的实验：让其中一对的男孩儿，每个周末都给自己的女朋友送一把红玫瑰；而让另一对中的男孩儿，只在情人节那一天送。

结果是：那个在每个周末都收到红玫瑰的姑娘，在情人节又收到花时，表现得相当平静，而且还说："我看到别人送给自己女友的花比这普通的红玫瑰漂亮多了，心里真羡慕啊！"而那个从来没有收到过玫瑰的姑娘，在情人节手捧鲜花时，表现得极其兴奋，与男友紧紧拥抱在一起。

心理学家在得到实验结果以后，立刻先向两对恋人说明缘故，以消除实验带来的不良影响，同时向他们强调说："在人与人的交际中，对于'给'的一方来说，要懂得'给'应该是平等、及时、适当的。而对于'受'的一方来说，要懂得感激，这样才能更懂得珍惜，更懂得满足，才会有更多的快乐和幸福。"

83. 这两对实验对象：
    A 工作相同   B 年龄相近
    C 彼此认识   D 背景不同

84. 每个周末都收到花的姑娘在情人节那天：
   A 很不满意　　　　　　　　B 十分兴奋
   C 不太满足　　　　　　　　D 更爱男友

85. 情人节才收到花的姑娘：
   A 懂得感激　　　　　　　　B 非常平静
   C 批评男友　　　　　　　　D 羡慕别人

86. 本文主要谈的是：
   A 情人节送花　　　　　　　B 实验的影响
   C "给"和"受"　　　　　　　D 男人和女人

87—90.

我们都在追求完美，可是完美究竟是什么呢？其实，许多烦恼都来自一个错误的观念：我们必须做得完美才能得到别人的尊敬，才能走向成功。

其实，人生不是射击，只有射到中心点才是最好的；人生也不是一盘棋，如果走错一步那么可能后面都错了。人生更像是一场足球比赛，即使最强的队也会在比赛中失败，即使最差的队也可能有胜利的一天，只要我们获得的多于失去的就够了。

我们每一个人天生都有这样或那样的不足，我们的人生也不可能事事像我们期待的那样，能认识到自己有种种遗憾，但仍然能坚持追求理想，并在追求中乐观地享受人生酸甜苦辣的过程，这样的人生虽然不一定是完美的，但至少可以说是完整的。完整的人生，不也可以说是成功的人生吗？

87. 作者所说的错误观念是：
   A 完美才能够成功　　　　　B 要努力获得尊敬
   C 人生就像在下棋　　　　　D 比赛绝不能失败

88. 作者认为,人生像什么?
    A 走路　　　　　　　　　　B 下棋
    C 足球比赛　　　　　　　　D 射击比赛

89. 作者认为,我们的人生:
    A 会发生奇迹　　　　　　　B 有很多遗憾
    C 可以期待完美　　　　　　D 失去多于获得

90. 作者认为,什么是成功的人生?
    A 期待成为现实　　　　　　B 丝毫没有遗憾
    C 一切都很完美　　　　　　D 拥有完整人生

三、书 写

第一部分

第91—98题：完成句子。

例如：发表　　这篇论文　　什么时候　　是　　的

　　　 _____这篇论文是什么时候发表的？_____

91. 何必　　讽刺　　呢　　他

92. 广场上　　飞　　纷纷　　鸽子　　到

93. 打开　　他　　起来　　站　　大门

94. 闪电　　哭了　　吓　　孩子

95. 电灯　　伟大　　很　　发明　　的

96. 行业　　这个　　得　　繁荣　　发展　　非常

97. 一口　　兔子尾巴　　蛇　　咬了　　被

98. 可以　　肥皂　　杀死　　病毒

第 二 部 分

第 99—100 题：写短文。

99. 请结合下列词语（要全部使用），写一篇 80 字左右的短文。

　　胃　温柔　消化　治疗　诊断

100. 请结合这张图片写一篇 80 字左右的短文。

— 18 —

新汉语水平考试
HSK（五级）
全真模拟试题
（第8套）

注　　意

一、**HSK（五级）分三部分：**

　　1. 听力（45题，约30分钟）

　　2. 阅读（45题，45分钟）

　　3. 书写（10题，40分钟）

二、**听力结束后，有5分钟填写答题卡。**

三、全部考试约125分钟（含考生填写个人信息时间5分钟）。

中国　北京　　　　　　　××××/××××××　　编制

一、听　力

第 一 部 分

第1—20题：请选出正确答案。

1. A 开车
   B 走路
   C 坐地铁
   D 乘公交

2. A 不喜欢吃
   B 鱼比较贵
   C 对鱼过敏
   D 想要减肥

3. A 应该去劝
   B 不要操心
   C 吵架不好
   D 尽量别去

4. A 愤怒
   B 羡慕
   C 佩服
   D 吃惊

5. A 三点开始
   B 由男的主持
   C 老师都要参加
   D 是关于选举的

6. A 司机
   B 警察
   C 售票员
   D 售货员

7. A 态度很谨慎
   B 刚拿到驾照
   C 开车技术差
   D 是个胆小鬼

8. A 家里
   B 超市
   C 体育馆
   D 飞机场

9. A 小说
   B 电影
   C 故事书
   D 连续剧

10. A 女的特别爱热闹
    B 儿子想搬出去住
    C 他们以前常常搬家
    D 男的在这儿没朋友

11. A 准备开讲座
    B 记忆力不好
    C 想出去散步
    D 不太会说话

12. A 小刚的朋友
    B 小刚的父母
    C 小刚的老师
    D 小刚自己

13. A 要培养创造力
    B 新产品很实用
    C 自己收获很大
    D 想要继续学习

14. A 非常喜欢喝
    B 想用来洗脸
    C 买了送给朋友
    D 家里没牛奶了

15. A 警察和司机
    B 老板和职员
    C 老师和学生
    D 医生和病人

16. A 星期二
    B 星期三
    C 星期四
    D 星期五

17. A 吃东西
    B 擦键盘
    C 买电脑
    D 做晚饭

18. A 春天
    B 夏天
    C 秋天
    D 冬天

19. A 女的病得很严重
    B 女的最近比较累
    C 男的想好好休息
    D 男的是家庭医生

20. A 爬山
    B 照相
    C 拍电影
    D 画画儿

第 二 部 分

第 21—45 题：请选出正确答案。

21. A 买醋
    B 吃饭
    C 洗澡
    D 工作

22. A 超市
    B 邮局
    C 博物馆
    D 动物园

23. A 该去哪儿旅游
    B 南北方的习惯
    C 如何去买机票
    D 哪个城市更好

24. A 登记名字
    B 等待朋友
    C 预订餐厅
    D 交电话费

25. A 谦虚的
    B 赞美的
    C 幽默的
    D 亲切的

26. A 孩子非常有想象力
    B 孩子比较喜欢看书
    C 要培养孩子的兴趣
    D 她的孩子特别聪明

27. A 实验不成功
    B 不要怕麻烦
    C 不应该灰心
    D 马上会成功

28. A 书年底能出版
    B 内容作了修改
    C 男的心里很着急
    D 女的在安慰男的

29. A 电视机质量太差
    B 精彩节目太少了
    C 眼睛得不到休息
    D 广告的数量太多

30. A 价格
    B 技术
    C 颜色
    D 样式

31. A 气候很好
    B 生活轻松
    C 非常现代
    D 小吃很多

32. A 很会做菜
    B 说不好普通话
    C 很喜欢这座城市
    D 在这儿生活了十多年

33. A 六年
    B 七年
    C 八年
    D 十年

34. A 朋友增加了
    B 生活丰富了
    C 脾气变好了
    D 身体更棒了

35. A 找合适的房子
    B 为了积累经验
    C 要找个人结婚
    D 想把书卖出去

36. A 很会做宣传
    B 找不到妻子
    C 长得很英俊
    D 喜欢登广告

37. A 医院
    B 学校
    C 商场
    D 车站

38. A 喜欢买衣服
    B 已经三岁了
    C 在商场走丢了
    D 穿着白色上衣

39. A 酒的味道不太好
    B 酒杯里有一条蛇
    C 乐广家有很多酒
    D 酒瓶破了一个洞

40. A 变瘦了
    B 摔伤了
    C 失眠了
    D 病倒了

41. A 带着朋友去看医生
    B 弄清楚事情的原因
    C 请朋友再来喝杯酒
    D 把家里那条蛇杀掉

42. A 非常长
    B 没危险
    C 样子恐怖
    D 并不存在

43. A 价格很贵
    B 颜色不太鲜艳
    C 很难吸引读者
    D 受到消费者批评

44. A 舒服
    B 兴奋
    C 单调
    D 无聊

45. A 不喜欢
    B 很欢迎
    C 无所谓
    D 很讨厌

二、阅 读

第 一 部 分

第46—60题：请选出正确答案。

46—48.

有两家皮鞋工厂，__46__派了一名销售员到某个地方去开发市场。两个销售员到达后的第二天，分别给自己的工厂写了电子邮件。甲说："这个地方__47__没有人穿鞋子，我明天会乘第一班飞机回去。"乙说："真是太棒了，这个地方没有一个人穿鞋子，__48__。"后来，乙的工厂在这儿建了一个分厂，鞋子卖得很好，赚了很多钱。而甲的工厂白白失去了这样一个好机会。

46. A 个别　　　B 各自　　　C 每个　　　D 全面
47. A 简直　　　B 始终　　　C 居然　　　D 除非
48. A 我真是白来了　　　　　B 我明天也回去
　　C 我们别生产皮鞋了　　　D 我们的市场太大了

49—52.

一次，孔子在路上见到一个人坐在路边哭得很伤心，便问他为什么这么伤心。那个人说："因为我这一辈子犯了三个错误，现在一想起来就伤心。第一，年轻的时候忙着做学问，没有好好照顾父母，__49__要让他们为我操心。第二，我做事不够尽心尽力，妨碍了自己的__50__。第三，我从小对朋友不友好，大家都不愿意接近我，现在年纪大了，觉得孤单。现在我想__51__这些缺点，可是父母去世了，朋友不再来了，我年龄也大了，没有机会了。每次想起这些，我就忍不住伤心。"孔子说："树想要安静下来，但是风却不停地__52__它。客观环境是不会随着你的主观意愿而改变的。"

49. A 所以　　　B 于是　　　C 但是　　　D 反而
50. A 前途　　　B 魅力　　　C 领域　　　D 趋势
51. A 完善　　　B 变化　　　C 改正　　　D 修改
52. A 捡　　　　B 吹　　　　C 踩　　　　D 牵

53—56.

唐伯虎是中国古代有名的大画家。小时候母亲把他送到著名画家沈周那里学习。唐伯虎很聪明，没学几天，就已经画得很__53__了，于是，他不想继续学下去了。老师看出了唐伯虎的心思，就把他领到后花园的一间小屋里。这间小屋平时总是__54__着门，屋里有四扇窗户，唐伯虎从窗户望出去，外面花红柳绿，__55__非常漂亮。唐伯虎看得呆住了，师父说："打开窗户看吧"，唐伯虎立刻推窗，但怎么也推不动，他这才发现，窗户原来是老师画的，自己竟然没看出来。从此以后，__56__。跟老师认真地学画画儿。

53. A 出色　　　　B 辛苦　　　　C 抽象　　　　D 灰心
54. A 拦　　　　　B 横　　　　　C 锁　　　　　D 卷
55. A 风俗　　　　B 事物　　　　C 情景　　　　D 景色
56. A 唐伯虎不想看风景了　　　　B 唐伯虎换了新的老师
　　C 唐伯虎再也不骄傲了　　　　D 唐伯虎再也不去那儿了

57—60.

气候学上有一个著名的"蝴蝶效应"__57__。在南半球某地有一只蝴蝶，它偶然拍动翅膀所引起的空气流动，几个星期后可能会导致北半球某地的一场龙卷风。下面这个例子可以更__58__地解释蝴蝶效应：在战场上，丢失了一颗钉子，会使马的铁蹄坏掉，马的铁蹄坏掉，可能会使马上的士兵受伤，这个士兵受伤，可能会让这场战争输掉，__59__，可能会使一个国家灭亡。这个理论告诉我们：看起来不__60__的现象之间存在着千丝万缕的内部联系。

57. A 故事　　　　B 理论　　　　C 逻辑　　　　D 谜语
58. A 主观　　　　B 朴素　　　　C 形象　　　　D 熟练
59. A 输了这场战争　　　　　　　B 没有正确的指挥
　　C 士兵们不努力　　　　　　　D 经济发展得不好
60. A 相同　　　　B 相对　　　　C 相似　　　　D 相关

第 二 部 分

第61—70题：请选出与试题内容一致的一项。

61. 我的车是去年买的，买车以后一个明显的感觉就是，这个城市变小了。以前骑自行车的时候，每天的活动范围也就是几公里，有了车，想去哪儿就去哪儿，遇到恶劣天气也不怕，生活质量提高了很多。

    A 这个城市的面积变小了
    B 骑自行车上下班很方便
    C 天气恶劣时才应该开车
    D 买车以后生活变方便了

62. 牛在中国有特殊的地位，因为，中国自古以来就是以农业立国的国家，牛在农业生产中是必需的，与农业有密切的关系。另外，根据中国的古代神话传说，牛能战胜水里的怪物，所以很多地方有在河岸上放置铁牛、石牛的风俗。

    A 中国的农业生产很发达
    B 牛是一种很神秘的动物
    C 很多河岸上都放有石牛
    D 关于牛的神话传说很多

63. 在我们从小到大的记忆中，好像很少有在家里使用公用筷子的习惯。很多人觉得在自家的餐桌上用公筷太见外了。但为了家人的健康，我们都应该提倡在家里，特别是节日的餐桌上使用公筷。

    A 用公筷有利于家人的健康
    B 使用公筷是很麻烦的事情
    C 现在很多家庭开始用公筷了
    D 在餐厅吃饭时不需要用公筷

64. 胡同指主要街道之间比较小的街道。胡同是北京的一道风景，北京到底有多少胡同，谁也数不清。不过，近年来，由于北京城市建设的需要，很多胡同已经不存在了，这对于我们了解北京的历史文化，不能不说是一个遗憾。

A 通过胡同可以了解北京
B 胡同是城市的主要街道
C 北京的胡同已消失了一半
D 胡同里有很多美丽的风景

65. 夏天温度升高，天气很热，所以要特别注意食物的味道，要尽量引起人的食欲，使身体得到足够的营养。一般来说，要少吃肉，多吃一些凉菜、豆腐、绿豆等食物。另外，可以适当地吃一些酸的食物来增加食欲。

A 夏天需要更多的营养
B 夏天应该吃些酸东西
C 夏天人们不应该吃肉
D 人在夏天食欲会更好

66. 服装是人的第二层皮肤，一件合适的衣服会让人立刻精神很多。服装在交际中起着重要的作用，通过服装，不但可以表现自己，还可以了解别人、影响别人。中国有一句话叫"人靠衣装"，意思就是服装对人来说是很重要的。

A 服装只要穿着舒适就行
B 贵的衣服质量一定很好
C 服装的颜色会影响心情
D 可以通过服装了解别人

67. 据报道，随着小麦、玉米、大豆等原材料价格的上涨，食用油、面粉等相关产品也纷纷涨价，导致新一轮的物价上涨。但多数市民表示，由于收入也在不断提高，所以物价稍微上涨不会影响生活质量。

A 一些原材料的价格提高了
B 物价上涨不利于经济发展
C 收入增加导致了物价上涨
D 市民对物价上涨表示不满

68. 古典音乐一般篇幅比较长，表达完整复杂的内容。舒伯特的《未完成交响曲》虽然形式上不完整，但是其内容完美无缺。另外，古典音乐很讲究逻辑性，在最伟大的古典音乐中，每个音符就像宇宙中的星球，合理存在、互相联系、互相影响。

   A 古典音乐家都非常伟大
   B 古典音乐逻辑性比较强
   C 古典音乐常常互相影响
   D 古典音乐的内容不完整

69. 人的一生有三分之一的时间在睡眠中度过，枕头可以说是与人类相伴时间最长的一个伙伴。但是这个伙伴一旦使用不当，就会影响我们的健康。选用符合人体力学设计的枕头能够保证高质量的睡眠。一般来说，枕头高10到15厘米较为合适。

   A 枕头不合适会影响健康
   B 枕头一般来说越高越好
   C 只有吃得好才能够睡得好
   D 用好枕头会延长人的寿命

70. 兄弟俩在同一个班学习，哥哥很努力，成绩也很好。可弟弟学习不认真，作业总是抄哥哥的。有一次，老师让写一篇作文，题目是《我的妈妈》。第二天，老师问弟弟："为什么你写的作文跟你哥哥的一样啊？"弟弟回答说："我们的妈妈是一个人，当然作文也一样了。"

   A 哥哥和弟弟是同班同学
   B 老师们都不太喜欢弟弟
   C 哥哥的作文写得特别好
   D 弟弟的作文是自己写的

第三部分

第71—90题：请选出正确答案。

71—73.

从前有个女孩儿，她十岁时得了一种病，失去了走路的能力。一次，女孩儿一家人一起乘船去旅行。船长太太说船长有一只天堂鸟，特别漂亮，女孩儿很想亲自去看一看，她要求服务员立即带她去看天堂鸟。那个服务员并不知道女孩儿的腿不能走路，没有去扶她，而只顾在前面带路。奇迹发生了，女孩儿因为太渴望见到天堂鸟，竟然忘记了自己的残疾，慢慢地走了起来。从此，女孩儿的病全好了。女孩儿长大以后，开始了文学创作，写出了很多作品，最后成了第一位获得诺贝尔文学奖的女性。

我们内心给自己设下的限制，往往比实际情况大得多，充分相信自己，大胆向"不可能"挑战，总能创造奇迹！

71. 服务员为什么没有去扶女孩儿？
    A 不知道女孩儿残疾   B 想让女孩儿练习走路
    C 不想带女孩儿去看鸟   D 女孩儿不让他来扶

72. 这个女孩儿长大后成了：
    A 服务员   B 作家
    C 运动员   D 船长

73. 根据本文，我们应该：
    A 谦虚   B 专心
    C 勤奋   D 自信

74—77.

一个年轻人非常羡慕一位企业家取得的成就，于是他跑到企业家那里询问他为什么能成功。企业家转身出去拿来了一只大西瓜，并把西瓜切成了大小不等的三块。"如果每块儿西瓜代表一定程度的利益，你会如何选择呢？"企业家一边说，一边把西瓜放在年轻人面前。"当然是最大的那块！"年轻人毫不犹豫地回答，企业家把最大的那块西瓜递给年轻人，自己却吃起了最小的一块。年轻人还在吃最大的那一块的时候，企业家已经吃完了最小的那一块，接着，企业家拿起剩下的一块，大口吃了起来。

其实，那块最小的和最后一块加起来要比最大的那一块大得多。年轻人马上就明白了企业家的意思：他吃的瓜虽然没自己的大，却比自己吃得多。如果每块西瓜代表一定程度的利益，那么企业家赢得的利益自然比自己多。只有放弃眼前利益，才能获得长远大利。

74. 年轻人想从企业家那儿知道：
　　A 成功的经验　　　　　　B 企业的规模
　　C 股票的价值　　　　　　D 西瓜的切法

75. 年轻人是怎么吃西瓜的？
　　A 先吃最小的一块　　　　B 挑选最大的一块
　　C 三块儿都拿在手里　　　D 全部让给企业家

76. 企业家拿来西瓜，是为了：
　　A 招待公司员工　　　　　B 做个物理实验
　　C 让年轻人解渴　　　　　D 说明一个道理

77. 本文告诉我们：
　　A 要不断努力　　　　　　B 要虚心学习
　　C 要赢得利益　　　　　　D 要学会放弃

78—82.

甲、乙、丙、丁四人同时应聘一家著名的公司。公司把他们安排在会议室分三天进行考试。第一次考试，甲便以99分的好成绩排在第一，乙、丙、丁的成绩分别是第二、第三和第四。第二次考试的时候，试卷一发下来，大家都很惊讶，因为这次的试题和第一次的完全一样。但是工作人员再三强调，试卷没有发错。甲、乙、丙三人把原来的答案重新写了一遍，还不到考试规定时间  的一半，试卷便全都填满了。但丁却没有写原来的答案，边写边想，最后才交了试卷。第二次考试考分一出来，成绩的顺序没有变，丁还是排在最后。第三天准时进行第三次考试。"这次该不会拿同样的题目考我们吧？"考试前，大家都议论纷纷。果然，第三次的试卷和前两次完全一样。这次考试更省事儿，甲、乙、丙三人根本不看考题，"刷刷刷"就答完了，不到半个钟头，就都交卷了，只有丁一会儿修改，一会儿补充，直到最后才把答卷交了上去。

后来，总成绩排在最后的丁被录取了，公司总裁认为，考分很重要，但不是录取员工的唯一标准。虽然丁的成绩每次都在最后，但他对相同的问题，有不同的思考，做出了不同的回答，善于思考，善于发现缺漏的人才能有进步，职员有进步，公司才能有发展。

78. 第一次考试，成绩最高的是：
    A 甲   B 乙
    C 丙   D 丁

79. 第二次考试试卷发下来，大家为什么惊讶？
    A 考题数量太多了   B 考题跟上次一样
    C 考题内容很简单   D 考题上面有答案

80. 丁每次都是最晚交卷，是因为：
    A 写字速度太慢   B 想偷看别人的
    C 有不同的回答   D 没有别人聪明

81. 丁被录取是因为：
   A 他善于思考　　　　　　B 他成绩最高
   C 他能力最强　　　　　　D 他遵守规则

82. 这个公司更重视职员：
   A 有无口才　　　　　　　B 是否谦虚
   C 能否进步　　　　　　　D 有无特点

83—86.

"世纪佳缘"是中国规模最大、征友效果较好的婚恋交友网站之一。对于传统的中国人来说，上网找结婚对象并不是件特别容易接受的事情，但"世纪佳缘"网站的创始人龚海燕却用她特殊的方式，在网络上促成了一段又一段的婚姻。

2003年10月，复旦大学新闻学院新闻专业研究生龚海燕看到身边很多同学、朋友由于工作学习太忙而无法找到理想爱人，就创办了"世纪佳缘"。龚海燕创办"世纪佳缘"的目的是为他人牵线，没想到，最先钓到"鱼"的却是她自己。龚海燕的先生郭建增最初是"世纪佳缘"的会员，两人相识一个多月后，便办理了结婚手续。自己找到了幸福，龚海燕也希望更多的人能找到共同度过一生的人。

"世纪佳缘"有个特点，注册的会员需要提交个人证件，包括毕业证、身份证等等。龚海燕希望"世纪佳缘"真实、严肃、有品位，所以要求会员都是大学本科毕业生，必须以真诚交友为目的，不然就会被取消会员资格。

到2012年10月为止，"世纪佳缘"拥有注册会员6800万，创始人龚海燕也被网民称为"网络红娘第一人"。

83. 龚海燕创办"世纪佳缘"是为了：
   A 找到理想的爱人　　　　B 扩大网络的影响
   C 挑战传统的观念　　　　D 替别人促成婚姻

84. 第 2 段中画线词语"牵线"在文中是什么意思？
    A 寻找合作伙伴　　　　　　B 介绍结婚对象
    C 教授钓鱼方法　　　　　　D 辅导孩子学习

85. 根据本文，龚海燕：
    A 结婚刚刚一个月　　　　　B 研究生没有毕业
    C 学习过新闻专业　　　　　D 电脑水平非常高

86. 关于"世纪佳缘"，正确的是：
    A 会员必须提交身份证　　　B 会员已经达到 680 万人
    C 是个非常赚钱的网站　　　D 对会员没什么条件限制

87—90.

大多数人在做一件事情不成功或者被批评的时候，总是会找种种借口告诉别人，自己的运气太坏。因为他们害怕承担错误，害怕被别人笑，或者只是想得到暂时的轻松和自我解脱。上班迟到了，会说"路上堵车"；考试不及格，会说"题太难了"。工作没做好，有借口；做生意赔了钱，有借口。只要细心去找，借口总是会有的。借口就是一个掩盖错误、推掉责任的"万能机器"。找到借口的好处是，能让自己得到心理上的安慰和平衡。但长期这样继续下去，人就会不再努力，不再去想方设法争取成功。

当我们面对失败时，要勇于承担。失败并不可怕，可怕的是不知道失败的原因。听听别人的建议，多从自身反思、总结一下，胜于花费时间找借口。借口把绝大多数的人挡在了成功的大门之外，所以在追求成功的过程中，最重要的一个步骤就是不要为自己找借口。

87. 失败以后，大多数人会：
    A 大哭一场　　　　　　　　B 非常自责
    C 寻找借口　　　　　　　　D 灰心失望

88. 找借口会让人：
    A 原谅自己的错误   B 得到心理的安慰
    C 得到别人的同情   D 更加没有自信心

89. 作者认为，失败时应该：
    A 分析原因   B 放松头脑
    C 寻找机会   D 请求帮助

90. 本文的主要内容是：
    A 怎样寻找合适的借口   B 不要为失败寻找借口
    C 如何才能够获得成功   D 人为什么要追求成功

三、书　写

第 一 部 分

第 91—98 题：完成句子。

例如：发表　　这篇论文　　什么时候　　是　　的

　　　<u>　　这篇论文是什么时候发表的？　　</u>

91. 任务　　这项　　艰巨　　很

92. 使　　发展　　工业革命　　迅速　　经济

93. 锻炼　　可以　　力量　　划船　　胳膊的

94. 摔　　玩具枪　　被　　坏　　他　　了

95. 解释　　逻辑　　这个　　不符合

96. 已经　　30份试卷　　好　　修改　　全部　　了

97. 访问团　　总理　　热情地　　接待了　　外交

98. 墙上的　　别　　千万　　把　　广告　　撕掉

第 二 部 分

第 99—100 题：写短文。

99. 请结合下列词语（要全部使用），写一篇 80 字左右的短文。

　　恋爱　　家庭　　婚姻　　珍惜　　沟通

100. 请结合这张图片写一篇 80 字左右的短文。

新汉语水平考试
HSK（五级）
全真模拟试题
（第9套）

注　　意

一、HSK（五级）分三部分：

　　1. 听力（45题，约30分钟）

　　2. 阅读（45题，45分钟）

　　3. 书写（10题，40分钟）

二、听力结束后，有5分钟填写答题卡。

三、全部考试约125分钟（含考生填写个人信息时间5分钟）。

中国　北京　　　　　　　　××××/××××××　编制

一、听　力

第一部分

第1—20题：请选出正确答案。

1. A 能增加学习效果
   B 有利于身体健康
   C 要提高英语水平
   D 想快一点儿入睡

2. A 书店
   B 教室
   C 文具店
   D 展览馆

3. A 参加辅导班
   B 多接触社会
   C 经常练习写作
   D 多与父母交流

4. A 10月1号
   B 10月2号
   C 10月3号
   D 10月4号

5. A 兴奋
   B 担心
   C 坚决
   D 怀疑

6. A 她不觉得意外
   B 男的公司服务差
   C 男的应该去考博士
   D 陈工程师不该辞职

7. A 在浅水区游泳
   B 跟她一起游泳
   C 不要怀疑别人
   D 教她学习游泳

8. A 吃海鲜了
   B 去医院了
   C 买感冒药了
   D 出去旅游了

9. A 冰箱
   B 电脑
   C 手机
   D 相机

10. A 男的口语不太好
    B 男的曾经出过国
    C 女的学习很努力
    D 女的不会说英语

11. A 教练
    B 老师
    C 设计师
    D 主持人

12. A 公司的业务很多
    B 应该想办法赚钱
    C 肯定会合法经营
    D 男的讲话没道理

13. A 妻子
    B 导演
    C 同事
    D 朋友

14. A 做饭做得不太好
    B 自己没时间做饭
    C 油炸食品有营养
    D 喜欢吃油炸食品

15. A 生气了
    B 着凉了
    C 吓坏了
    D 失眠了

16. A 象棋不容易学
    B 老张水平不高
    C 她下得不太好
    D 男的不应该学

17. A 要嫁有钱人
    B 应该有工作
    C 不需要结婚
    D 必须有思想

18. A 很有个性
    B 非常休闲
    C 比较正式
    D 不太讲究

19. A 这个想法很好
    B 没有活动费用
    C 不要去搞比赛
    D 他没权力决定

20. A 不要责备孩子
    B 男的弹得不错
    C 孩子练得不好
    D 应该表扬孩子

第 二 部 分

第 21—45 题：请选出正确答案。

21. A 机场
    B 市场
    C 车站
    D 商店

22. A 男的常常看新闻
    B 女的是名运动员
    C 骑自行车很危险
    D 有个人被撞伤了

23. A 不愿意谈恋爱
    B 打算结束爱情
    C 还没考虑结婚
    D 恋爱时间不长

24. A 1.9 元
    B 2.2 元
    C 2.8 元
    D 3.1 元

25. A 坐飞机去北京
    B 不出去旅行了
    C 回家去取东西
    D 再买个充电器

26. A 丈夫和妻子
    B 老师和学生
    C 父亲和女儿
    D 经理和职员

27. A 让着妹妹
    B 买新玩具
    C 控制情绪
    D 尊敬父母

28. A 文件
    B 身份证
    C 毕业证
    D 驾驶证

29. A 四十多岁了
    B 已经着凉了
    C 要参加考试
    D 现在还不困

30. A 经理没去开会
    B 经理记忆力差
    C 秘书工作辛苦
    D 秘书忘了提醒

31. A 因为爱的力量很大
    B 因为王子懂得治病
    C 因为公主很爱王子
    D 因为大家喜欢公主

32. A 早晨
    B 上午
    C 下午
    D 晚上

33. A 看房子
    B 买家具
    C 坐地铁
    D 吃东西

34. A 价格不合理
    B 环境不太好
    C 交通不方便
    D 面积有些小

35. A 爷爷很体贴
    B 孙子不懂事
    C 应该一起骑
    D 小马很可怜

36. A 社会经验很重要
    B 不要拉着马出门
    C 要有自己的判断
    D 要听别人的意见

37. A 超市
    B 医院
    C 银行
    D 车站

38. A 柜台
    B 收银台
    C 服务台
    D 经理室

39. A 齐王态度不好
    B 他的马不够好
    C 比赛没有奖金
    D 他身体不舒服

40. A 下等马
    B 中等马
    C 上等马
    D 普通马

41. A 一场
    B 两场
    C 三场
    D 四场

42. A 他换了更好的马
    B 齐王的马受伤了
    C 调整了比赛技巧
    D 齐王故意让他赢

43. A 让他多学习些地理知识
    B 让他忘了吃巧克力的事
    C 这是孩子的家庭作业
    D 她需要这幅世界地图

44. A 很难完成
    B 容易完成
    C 需要耐心
    D 锻炼勇气

45. A 他爸爸给了他一些帮助
    B 他对世界地图非常熟悉
    C 认真地工作了整个上午
    D 拼了反面再翻过来

二、阅 读

第 一 部 分

第46—60题：请选出正确答案。

46—48.

在一所小学里，老师每次__46__，一个学生总是举手，可是当老师让他回答时，他却回答不上来。老师问他为什么举手，他说如果他不举手，其他同学都会觉得他__47__。于是，老师就和他约定，当他真会的时候就举起左手，不会的时候就举起右手。慢慢地，这个学生越来越多地举起左手，越来越好地回答老师的提问，他也由一个差生__48__成了一个好学生。

46. A 提问　　　　B 争论　　　　C 嘱咐　　　　D 指导
47. A 坏　　　　　B 棒　　　　　C 笨　　　　　D 懒
48. A 代替　　　　B 转变　　　　C 改进　　　　D 组合

49—52.

孔子是春秋时期的思想家。学生子路问孔子："听到一个很好的__49__，是不是应该马上去实行呢？"孔子说："家里有父亲兄长在，你应该先向他们__50__了再说，哪能马上去做呢？"学生冉有也这样问，孔子说："听到了就去做。"学生公西华知道了这件事，就问孔子："相同的问题，您为什么给他们两个人不同的回答呢？"孔子说："冉有做事不勇敢，总是退缩，所以希望我的话能够__51__他，让他变得更加有勇气；但是子路做事果敢，有时候胆子太大了，所以我要压一压他。"这就是成语"因材施教"的来历，这个成语比喻针对不同学生的个性特点，__52__。

49. A 题目　　　　B 状况　　　　C 主张　　　　D 结论
50. A 传播　　　　B 咨询　　　　C 征求　　　　D 说服
51. A 鼓舞　　　　B 刺激　　　　C 同情　　　　D 安慰
52. A 让他们回答问题　　　　　　B 采取不同的教育方法
　　C 发挥他们的能力　　　　　　D 让他们做不同的工作

53—56.

一条小鱼在池子里快活地玩儿了一天，刚要回家，突然发现水面上一闪一闪的，它睁大眼睛一看，忍不住喊了起来："多大多亮的镜子啊！"小鱼心想：要是能搬回家给大家 __53__ 该多好啊！于是，它轻轻地游到那面"镜子"旁边，还没碰着，"镜子"就碎成一片一片的了。小鱼 __54__ 极了，可不一会儿，那"镜子"又 __55__ 了起来。但是只要小鱼一接近，"镜子"就会碎。

小鱼连忙回家找来妈妈，妈妈一看到"镜子"就哈哈大笑起来，说："傻孩子， __56__ ？这是月亮的影子啊！"

53. A 照一照　　　B 摆一摆　　　C 闻一闻　　　D 碰一碰
54. A 开心　　　　B 难过　　　　C 兴奋　　　　D 痛苦
55. A 直　　　　　B 平　　　　　C 方　　　　　D 圆
56. A 这个镜子真好　　　　　　B 我们家有镜子
    C 这哪里是镜子　　　　　　D 我来帮你搬走

57—60.

工人肖尔斯的妻子被一家公司雇佣，当上了女抄写员。肖尔斯很 __57__ ，因为当时的抄写员大多是男的。可是，没过多久，肖尔斯就高兴不起来了。原来，肖尔斯太太常常把写不完的东西带回家来，他每天都要帮她写很多字， __58__ 。于是，他想制造一种机器，用活字来代替手写。经过6年的钻心研究，肖尔斯造出了一台打字机。因为没有生产打字机的资金，他只能以12000元卖掉了发明权。

后来，打字机经过雷顿的 __59__ ，终于生产出来了，但因为使用不方便，销售不出去。有个名叫马克的推销员，一次看到女儿弹钢琴，忽然受到了启发：把弹琴的方法 __60__ 在打字机上。结果令人十分满意，打字机的销路一下子就打开了。

57. A 糊涂　　　　B 得意　　　　C 伤心　　　　D 寂寞
58. A 赚了很多的钱　　　　　　B 受到了老板表扬
    C 抄得手都酸了　　　　　　D 给她提供了方便
59. A 改进　　　　B 改善　　　　C 改正　　　　D 改变
60. A 复制　　　　B 传递　　　　C 处理　　　　D 运用

第 二 部 分

第61—70题：请选出与试题内容一致的一项。

61. 2010年亚洲运动会在广州举办，亚运村里有一间面积不大的房间，是中文学习室，它最主要的功能是教外国运动员汉语。运动员们也可以在这儿一边喝茶一边了解中国的茶文化。

    A 2010年亚运会规模很大
    B 中文学习室里能学汉语
    C 外国运动员都喜欢喝茶
    D 中国的茶文化历史很长

62. 父母都很重视孩子的学习成绩，却极少注意孩子怎样使用筷子，其实它们之间有着一定的联系。很多学习成绩差、握笔姿势不对的孩子，他们使用筷子的方法也是错误的。他们在学习生活中会出现写字速度慢，上课注意力不集中等现象。

    A 父母不应该太重视孩子的成绩
    B 成绩差的孩子不太喜欢用筷子
    C 父母应注意孩子拿筷子的姿势
    D 聪明的孩子注意力常常很集中

63. 很久以前，为了防备危险的动物，人们手上经常拿着石块等武器。遇见陌生人时，为了表示友好，人们会放下手中的东西，伸出手，让对方摸一下，表示手中没有武器。这种习惯逐渐变成了今天"握手"的动作。

    A 陌生人都喜欢握手
    B 应该拿着武器握手
    C 握手是为了防备危险动物
    D 握手是表示手中没有武器

64. 随着大学生有车一族的悄悄增多，校园的交通安全问题开始引起人们的重视。目前一些大学的教职工住宅楼和学生宿舍区往往混在一起，车辆构成复杂，使得校园交通管理变得困难。

   A 校园交通不容易管理
   B 交通安全问题很重要
   C 大学生都开车去学校
   D 校园越来越不安全了

65. 有些人家为了扩大室内的实用面积，往往把阳台进行改建，把客厅向外推移，使阳台成为室内的一部分，这样能使客厅变得又宽敞又亮，但必须注意的是要保证大楼的结构安全。

   A 阳台作用不大
   B 客厅的光线很重要
   C 阳台改建不能影响安全
   D 客厅的面积应该比阳台大

66. 司马光是宋朝著名的历史学家。受父亲的影响，他从小就喜欢读史书，七岁时，他就能够熟练地背出《左传》，并且能把几百年的历史讲得清清楚楚。后来，司马光编写了中国最大的一本编年体史书《资治通鉴》。

   A 司马光的父亲喜欢历史
   B 司马光写了史书《左传》
   C 司马光七岁就成了史学家
   D 《资治通鉴》是本故事书

67. 科学家最近发现，蜜蜂更喜欢温暖的花，因为如果周围温度太低，它们就需要将体温升高到30℃左右才可以飞行。当它们停留在表面温度较高的花朵上时，则比较容易提高自身的温度。

   A 蜜蜂的体温总是高于30℃
   B 科学家也喜欢温度高的花
   C 温暖的花能提高蜜蜂体温
   D 体温高的时候飞行很省力

68. 最近，商场出现了一种空气洗衣机，这种洗衣机不用水，洗完还不用晒。空气洗技术是将空气转变成一种特殊的气体，然后作用到衣物上，彻底杀灭衣服上的病毒，去掉不好的味道。最适合那些不能水洗的东西，比如儿童玩具、帽子，甚至皮鞋等。

    A 空气洗衣机很贵
    B 衣服上会带有病毒
    C 空气洗衣机不用水
    D 空气洗衣机不能洗皮鞋

69. "羹"是用肉或者蔬菜做成的半固体半液体状的食品。唐朝时有一个女子诗写得很好，很多人希望能见她一面。她要求客人先写一首诗，如果客人不会写或者写得不好，她就叫家人招待客人一碗羹，表示拒绝会客。所以"吃闭门羹"的意思就是被拒绝了。

    A 古代人很喜欢吃"羹"
    B "吃闭门羹"是指被拒绝
    C 见朋友的时候要写一首诗
    D 拒绝别人之前要吃一碗"羹"

70. 张先生记忆力不好，至今已经丢过无数东西了。每次出门前，张太太都嘱咐他别丢东西。有一天，张先生回家后，很高兴地说："我今天没忘东西，你看，我把雨伞带回来了。"张太太很无奈地说："但是，亲爱的，你今天并没有带伞。"

    A 张先生拿了别人的伞
    B 张先生曾经丢过雨伞
    C 张太太对丈夫很生气
    D 张太太记忆力也不好

第 三 部 分

第71—90题：请选出正确答案。

71—73.

有一天，一家大公司的老板回到家里，对妻子说："完了！法院宣布我破产了，家里所有的财产明天就都不属于我了，我现在什么都没有了。"说完，

他便伤心地低头哭了起来。妻子温柔地说："你怎么能说什么都没有了呢？你还有一个支持你的妻子，一群可爱的、有希望的孩子，而且你有丰富的经验、健康的身体和灵活的头脑，这些是最重要的，而且永远都属于你。至于丢掉的财产，就当是过去白忙一场算了，以后还可以赚回来的，不是吗？"听完这些，他长长地舒了一口气，擦去眼角的泪水，坚定地点了点头。

五年后，他的公司再次成为《财富》杂志选出的最著名的五大企业之一，这一切都是因为他妻子的几句话。

71. 老板为什么哭？
 A 被骗了 B 破产了
 C 生病了 D 丢钱了

72. 对于老板的妻子来说，财产：
 A 可以换取健康 B 不太容易积累
 C 不是最重要的 D 该由孩子享受

73. 这个老板最后：
 A 得到了些经验 B 成了杂志编辑
 C 白白忙了一场 D 又获得了成功

74—77.

我小的时候，兴趣非常广泛。画画儿、弹钢琴、游泳、打篮球，样样都学，还必须都得第一才行，这当然是不可能的。于是，我非常难过，也很灰心，学习成绩<u>一落千丈</u>。

父亲知道后，并没有责备我。晚饭之后，父亲找来一个瓶口非常细的瓶子和一把玉米粒，对我说："今晚，我想给你做一个试验。"父亲捡起一粒玉米投到瓶子里面，玉米就落进了瓶子里。父亲投了十几次，瓶子里也就有了十几粒玉米。然后，父亲把瓶子倒过来，想让玉米从瓶口掉出来，但是玉米粒相互挤着，一粒也没有掉下来。父亲对我说："这个瓶子代表你，假如你每天都能做好一件事，每天你就会有一粒玉米的收获和快乐。可是，当你想把所有的事情都挤到一起来做，反而连一粒玉米也收获不到了。"

二十多年过去了，我一直记着父亲的话："每天做好一件事，微笑着面对生活。"

74. "我"小的时候：
   A 兴趣爱好很多　　　　B 什么都是第一
   C 成绩非常不好　　　　D 心情总是不好

75. 第1段中画线词语"一落千丈"可能是什么意思？
   A 慢慢有了提高　　　　B 一次也没及格
   C 下降得很厉害　　　　D 每次都是满分

76. 父亲拿来瓶子和玉米粒是为了：
   A 告诉我要爱惜粮食　　B 使我喜欢上做试验
   C 让我学习农业知识　　D 让我明白一个道理

77. 本文主要谈的是：
   A 如何面对生活　　　　B 如何培养兴趣
   C 如何教育孩子　　　　D 如何应对挑战

78—82.

有一天，一个学生问他的哲学老师什么是爱情，老师就让他到苹果园里去，摘一个最大最红的苹果来，这期间只能摘一次，并且只可以向前走，不能回头。学生于是按照老师说的去做了，结果他两手空空地走出了果园。老师问他为什么没摘到苹果，他说："因为只能摘一次，又不能走回头路，一路上即使见到又大又红的苹果，但是因为不知道后面是否有更好的，所以没有摘。走到后面时，又发现后面的苹果总不如前面见到的好，于是我什么也没摘到。"老师说："这就是爱情。"

之后又有一天，学生问老师什么是婚姻，老师叫他到森林里，砍下一棵最大、最茂盛、最适合放在家做圣诞树的树。和上次一样，只能砍一次，只可以向前走，不能回头。这次，学生带回了一棵不是很茂盛，但也不算太差的树回来。老师问他："怎么带了这么一棵普普通通的树回来？"他说："有了上一次的教训，当我走到一大半的路程还是两手空空时，看到这棵树虽然不算好，但也不算太差，就砍了下来，不然的话，最后又什么也带不回来了。"老师说："这就是婚姻。"

人生就像穿过果园和树林，只走一次，不能回头一样。要找到属于自己最好的苹果和大树，你必须要有莫大的勇气和辨别的能力。

78. 去苹果园摘苹果时，老师要求：
   A 不要破坏果树   B 不能走回头路
   C 半小时内完成   D 只能一个人去

79. 学生为什么没摘到苹果？
   A 树上已经没苹果了   B 果园主人不让他摘
   C 不能确定哪个最好   D 他完全忘了这件事

80. 学生从森林里带回的树：
    A 很普通   B 很茂盛
    C 很高大   D 非常差

81. 在老师眼里，树象征：
    A 友谊   B 婚姻
    C 亲情   D 爱情

82. 这个故事告诉我们：
    A 做出选择不容易   B 做事情不能犹豫
    C 应该多请教老师   D 不能只依靠热情

83—86.

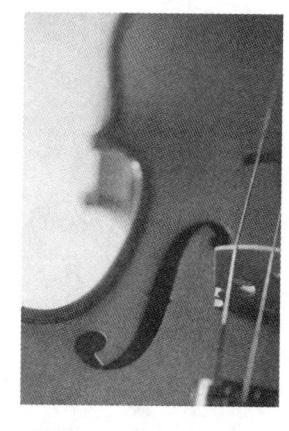

阿杜小的时候，父母离婚了，他一直跟着妈妈生活。15岁那年，因为经济原因，阿杜不得不放弃了学业，在一家修车厂修车。后来经朋友介绍，阿杜到电脑公司安装硬件。成为歌手以前，他在一家建筑公司当了七年的建筑工人。

阿杜有一副非常独特的好嗓子，歌唱得特别好，但性格内向的他很害怕在公众场合唱歌。有一次，朋友瞒着阿杜替他报名参加唱歌比赛，结果被唱片公司看中，从此阿杜翻开了生命中崭新的一页。

和唱片公司签合同之后，阿杜接受了长达两年的形体和演唱训练。由于太内向，公司还特意安排他到酒吧唱歌，让他习惯唱歌的时候有人观看。2002年，阿杜推出了第一张唱片《天黑》，这张唱片一年中在全亚洲卖出了70万张，阿杜也成为了亚洲华人界的明星歌手。

即使举行过无数场演出，经历过无数次的访问与拍照，阿杜还是不习惯面对镜头和记者，前几年甚至因为害怕、紧张和忙碌，连健康都出了问题，他曾经想过要退出歌坛。可是现在的阿杜，紧张依旧却恢复了唱歌的勇气，他正在不断努力地调整自己，而这一切都是为了喜欢自己的歌迷。

83. 阿杜曾经做过：
    A 业余歌手   B 酒吧服务员
    C 建筑工人   D 电脑公司经理

84. 公司安排阿杜在酒吧唱歌，是为了：
    A 让酒吧的生意更好   B 让他克服害怕心理
    C 让观众习惯他的歌   D 让他能多赚一些钱

85. 关于《天黑》，正确的是：
    A 是阿杜的第一张唱片   B 是一本关于爱的故事书
    C 使阿杜成为了影视明星   D 在全世界卖出了70万张

86. 根据本文，可以知道阿杜：
    A 学习时不太努力   B 是世界著名歌手
    C 身体状态非常好   D 不太喜欢被采访

87—90.

　　每四年一次的世界杯足球赛期间，全世界30亿球迷都会为足球而疯狂。为什么足球会有这么大的魅力呢？

　　足球运动对参与者的要求不高是大家喜欢足球的一个原因。踢足球的运动员，高矮胖瘦都可以，这就给全世界的孩子提供了做"明星梦"的机会。

　　足球比赛结果的偶然性是让全世界球迷狂热的重要原因。因为在足球世界里，没有绝对的强队。不到比赛的最后一刻，你永远不知道事情的结果。

　　足球场上的那些帅哥是使足球成为"世界第一运动"不可忽视的原因。理由很简单，女孩子们都不顾一切跑到球场看帅哥去了，那她们的男朋友肯定也得跟着女朋友往球场跑。

　　另外，比起闷热的羽毛球馆，比起小小的一张乒乓球桌，宽阔的绿茵场让人觉得心情舒畅，几万、十几万球迷热热闹闹地为各自喜欢的球队呐喊、加油，这种气氛让他们觉得很享受。

87. 大家都喜欢足球是因为：
    A 可以提高身体素质 B 能很快就成为明星
    C 对参与者没有限制 D 运动量不是非常大

88. 足球让球迷狂热，是因为：
    A 运动员长得都很帅 B 比赛结果不可预知
    C 比赛的奖金非常高 D 可以让人彻底放松

89. 球迷喜欢什么样的气氛？
    A 紧张 B 轻松
    C 热烈 D 安静

90. 本文主要谈的是：
    A 帅哥的魅力在哪里 B 足球世界杯的由来
    C 如何成为世界巨星 D 足球受欢迎的原因

三、书写

第一部分

第91—98题：完成句子。

例如：发表　　这篇论文　　什么时候　　是　　的

　　　这篇论文是什么时候发表的？

91. 这种　　片面　　太　　说法

92. 必然　　生老病死　　是一个　　规律　　的

93. 已经　　五亿三千万　　这个国家的　　人口　　达到了

94. 让　　有压力　　关怀　　过多的　　人

95. 之一　　是　　妈妈　　我　　人　　最敬爱的

96. 不能　　省略　　很多　　是　　步骤　　的

97. 民族　　曾经　　这个国家　　被　　其他　　统治过

98. 支票　　带　　别忘了　　把　　那张　　着

第 二 部 分

第 99—100 题：写短文。

99. 请结合下列词语（要全部使用），写一篇 80 字左右的短文。

  热爱 健身房 游览 摄影 排球

100. 请结合这张图片写一篇 80 字左右的短文。

新 汉 语 水 平 考 试
HSK（五级）
全真模拟试题
（第10套）

注　　意

一、**HSK（五级）分三部分：**

1. 听力（45题，约30分钟）

2. 阅读（45题，45分钟）

3. 书写（10题，40分钟）

二、**听力结束后，有 5 分钟填写答题卡。**

三、**全部考试约 125 分钟（含考生填写个人信息时间 5 分钟）。**

中国　北京　　　　　　　　××××/××××××　　编制

一、听 力

第 一 部 分

第 1—20 题：请选出正确答案。

1. A 这个系统不太好
   B 请女的等一会儿
   C 不需要重新安装
   D 这需要很长时间

2. A 颜色不太好
   B 营养很丰富
   C 味道有些淡
   D 吃起来很香

3. A 法院
   B 幼儿园
   C 职业介绍所
   D 婚姻介绍所

4. A 她对新方案不满意
   B 男的得跟大家沟通
   C 大家同意这个方案
   D 有意见的人特别多

5. A 小气
   B 热心
   C 专业
   D 仔细

6. A 回国的收入更高
   B 她在这儿有土地
   C 她热爱自己的国家
   D 不习惯外国的环境

7. A 12月25号
   B 12月26号
   C 12月27号
   D 12月28号

8. A 手续不好办
   B 比较有把握
   C 希望得到帮助
   D 问题很难解决

9. A 女的
   B 男的
   C 刘经理
   D 女的和男的

10. A 兴奋
    B 遗憾
    C 难过
    D 惊讶

11. A 爷爷奶奶没有钱
    B 办张卡非常方便
    C 不用给女儿另外开账户
    D 不用给女儿钱了

12. A 规模特别大
    B 有发展前途
    C 职员很努力
    D 很容易经营

— 1 —

13. A 同事关系好
    B 收入非常高
    C 环境不太好
    D 离家比较远

14. A 结账
    B 打电话
    C 买羽毛球
    D 跟人谈生意

15. A 女的工作任务很重
    B 女的现在没有孩子
    C 男的同意去接宁宁
    D 男的在幼儿园工作

16. A 医生
    B 律师
    C 经理
    D 教师

17. A 价格不太高
    B 加热很均匀
    C 锅盖非常厚
    D 只能煎和炸

18. A 古代文化的特点
    B 自己喜欢的皇帝
    C 各个朝代的历史
    D 国家的政治形势

19. A 租房子住
    B 现在没钱
    C 会修水管
    D 月底出差

20. A 早上
    B 中午
    C 下午
    D 晚上

第 二 部 分

第 21—45 题：请选出正确答案。

21. A 女的在学数学
    B 男的计算准确
    C 心算非常容易
    D 老师教得很好

22. A 很后悔没带相机
    B 下次要带同学来
    C 长城很值得一看
    D 不想跟女的合影

23. A 颜色
    B 质量
    C 材料
    D 样式

24. A 很喜欢表现自己
    B 已经有男朋友了
    C 喜欢大型的活动
    D 不会去参加相亲

25. A 今天
    B 明天
    C 后天
    D 下星期

26. A 男的要去做手术
    B 女的同意卖掉车
    C 他们不想去借钱
    D 两个人都没工作

27. A 春天
    B 夏天
    C 秋天
    D 冬天

28. A 做晚饭
    B 烫衣服
    C 吃包子
    D 买雨伞

29. A 女的不想参加比赛
    B 女的得过世界冠军
    C 男的相信女的能赢
    D 男的打球水平很高

30. A 多买可以便宜
    B 男的不应该买
    C 桃的营养很多
    D 不能再便宜了

31. A 修大桥
    B 盖房子
    C 修建机场
    D 增加农田

32. A 调节气候
    B 提供食品
    C 生产资源
    D 改变环境

— 3 —

33. A 不好好儿吃饭
    B 注意力不集中
    C 不喜欢玩儿玩具
    D 不想去幼儿园

34. A 妻子和丈夫
    B 编辑和作者
    C 老师和家长
    D 教练和运动员

35. A 三只碗
    B 很多盘子
    C 炒菜的锅
    D 勺子和筷子

36. A 丈夫很需要减肥
    B 丈夫没说要吃肉
    C 妻子不喜欢丈夫
    D 妻子想自己多吃

37. A 十天
    B 二十天
    C 一个月
    D 一个半月

38. A 买衣服可以打九折
    B 买儿童玩具不打折
    C 购物就能得到礼物
    D 国庆节营业时间长

39. A 修建一座寺庙
    B 在墙上画画儿
    C 教他画一条龙
    D 吸引游人参观

40. A 样子都相同
    B 数量太少了
    C 不是很漂亮
    D 像真的一样

41. A 害怕龙飞走了
    B 没有时间画了
    C 他画不好眼睛
    D 皇帝不让他画

42. A 一条
    B 两条
    C 三条
    D 四条

43. A 父母让他回家乡
    B 他找不到好工作
    C 在城里生活很不舒服
    D "绿色鸡蛋"受欢迎

44. A 太小了
    B 有营养
    C 比较贵
    D 味道好

45. A 小雨态度好
    B 小雨很会做生意
    C 客人非常喜欢小雨
    D 鸡蛋在小雨手里显得大

二、阅 读

第 一 部 分

第46—60题：请选出正确答案。

46—48.

有一位名人，他小时候读书并不聪明。有一天晚上，他在家读书，一篇文章他不知重复读了多少遍，也没有__46__下来。这时候有一个小偷__47__在窗外，想等他睡着了之后偷东西。可是等啊等，就是不见他睡觉，还在不停地重复那篇文章。小偷很__48__，跳出来说："你这种水平还读什么书？"然后，对着他把那篇文章背了一遍，摇摇头就走了。

46. A 背　　　　　B 抄　　　　　C 存　　　　　D 瞧
47. A 移动　　　　B 接近　　　　C 躲藏　　　　D 逃避
48. A 痛快　　　　B 愤怒　　　　C 迅速　　　　D 单纯

49—52.

李时珍是中国古代著名的医学家，他一生喜好读书。传说他的家乡有一个水平非常差的医生，不喜欢读书，却购买了许多医书，以此来__49__自己很有学问。有一次，连续下了几天大雨，大雨过后，庸医让家人把自己的藏书搬到院子里__50__。各种古典医书放了满满一院子，他得意地在院子里走来走去。这时正好被李时珍看见，他便解开衣服，露出自己的肚子，躺在晒书的架子旁。庸医一见，惊讶地问："您这是做什么呀？"李时珍回答："我也在晒书呀！"庸医问："先生的书在哪儿呀？"李时珍拍拍自己的肚皮笑着说："__51__。"庸医听后，知道李时珍是在__52__他，惭愧得满脸通红。

49. A 显示　　　　B 显得　　　　C 公布　　　　D 叙述
50. A 念　　　　　B 摆　　　　　C 晒　　　　　D 抄
51. A 我今天吃得特别饱　　　　B 我的书装在肚子里
　　C 你家的书可真多啊　　　　D 晒晒太阳太舒服了
52. A 佩服　　　　B 鼓舞　　　　C 抗议　　　　D 讽刺

53—56.

　　有一天，马妈妈正在洗衣服，突然想起要把粮食送到熊奶奶家去，于是叫来小马，说："妈妈有__53__要做，你能帮我把粮食送到河对岸熊奶奶家去吗？"小马__54__了。他背着粮食来到了河边，刚要过河，一只小老鼠跑过来说："小马，别下去，这河可深了。"但是在旁边吃草的老牛说："这河一点儿也不深，才到我的小腿，你过得去。"小马__55__了一下，决定自己试一试，它小心地一步一步地走过去。哦，他明白了，河水既没有小老鼠说得那么深，也没有老牛说得那么浅，__56__。

53. A 行业　　　　B 贸易　　　　C 讲座　　　　D 家务
54. A 推辞　　　　B 答应　　　　C 取消　　　　D 抗议
55. A 犹豫　　　　B 悲观　　　　C 惭愧　　　　D 糊涂
56. A 他们两个都想来骗我　　　　B 妈妈也不知道有多深
　　C 自己亲自试过才知道　　　　D 一点儿危险也不会有

57—60.

　　排球运动从产生到今天，有一百多年的历史。当时在美国很流行美式足球、篮球和网球。由于这些运动紧张而__57__，并不太适合中老年人。有一个人受到网球的__58__，把球网升高，并把球架搬到了室内，用手来代替球拍。但是，篮球太大，网球太小，__59__。最后，他在体育用品公司定做了一个球，这就是历史上第一只排球。

　　随着排球运动的不断发展，逐步制定、修改和完善了比赛__60__。

57. A 激动　　　　B 轻松　　　　C 激烈　　　　D 冒险
58. A 启发　　　　B 感受　　　　C 体验　　　　D 咨询
59. A 老年人都喜欢大　　　　B 都不适合用手拍
　　C 都不如足球合适　　　　D 两种球都可以买
60. A 原则　　　　B 规律　　　　C 细节　　　　D 规则

第二部分

第61—70题：请选出与试题内容一致的一项。

61. 一天晚上，我和朋友去买报纸，朋友很有礼貌地对卖报纸的师傅说了声谢谢，但那个师傅却头也不抬，没有反应。朋友说："他每天都是这样的。"我问他："那么你为什么还是对他那么客气？"朋友回答："为什么我要让他决定我的行为？"

  A 朋友对别人都很热情
  B 对老年人应该有礼貌
  C 朋友不受别人的影响
  D 师傅没听到朋友的话

62. 可可树高约12米，开红色或黄色的小花，结出的果实每个约500克重。16世纪以后欧洲人来到美洲大陆，发现可可是一种宝贵的经济植物，后来，在西班牙首先建立了生产巧克力的工厂。18世纪以后，可可传遍了世界。

  A 可可的经济价值很高
  B 可可树开的花特别香
  C 只有美洲才有可可树
  D 可可是18世纪发现的

63. 在1904年的世界博览会上，英国人布莱向参观者推销用热水冲泡的红茶。一天，他不小心把一堆冰块儿掉进了红茶桶里。结果他发现，冰的红茶味道也很好。他灵机一动，干脆就卖起了冰红茶。从此，冰红茶成为英国人十分喜爱的饮料之一。

  A 布莱是个很干脆的人
  B 红茶1904年开始流行
  C 冰红茶比热红茶好喝
  D 冰红茶是意外发明的

64. 从某种意义上来讲，孩子交一个好朋友，要比学习知识更有用。他们可以从中学会讲礼貌，学会体贴，学会合作。研究表明，交朋友的能力在很大程度上决定了孩子一生的发展。

   A 孩子比大人更加需要朋友
   B 有礼貌的人容易交到朋友
   C 能交个好朋友意义重大
   D 学会与人合作不太容易

65. 在古代戏曲中，有一种龙套演员，他们在剧中承担着小兵之类不重要的角色。之所以会被称为"龙套"，是因为他们的衣服上有龙的花纹。由于龙套演员的作用主要是为了陪衬主要角色，所以当一个人在集体中做一些不太重要的工作时，就被称为"跑龙套"。

   A 龙套演员非常辛苦
   B 龙套演员的服装很漂亮
   C 主要演员比龙套演员赚钱多
   D "跑龙套"就是做不重要的工作

66. 为了让孩子养成良好的吃饭习惯，平时不要给孩子吃零食、甜食以及油煎、油炸食品。饭前半小时尽量不要给孩子吃喝任何东西，包括开水。吃饭时要创造一个比较安静的环境。另外，每天要保证孩子吃一定数量的蔬菜和水果。

   A 吃饭习惯很难培养
   B 吃零食对孩子不好
   C 水果最好在饭前吃
   D 吃饭时尽量别喝水

67. 在中国，很多人在买了新房子搬进新家时，要放鞭炮表示庆祝，搬家当天，会请亲朋好友到新家做客。这是一个古老的传统，叫作"暖房"，因为请客人吃饭一般都是在新家生火做饭，所以也叫"暖灶"。

   A 亲朋好友要送主人礼物
   B 搬家时要选一个好日子
   C 搬新家要请客人吃一顿
   D 放鞭炮表示欢迎大家来

68. 煤炭被人们称为黑色的黄金、工业的粮食，它是 18 世纪以来人类使用的主要能源之一。但燃烧煤炭引起的烟雾污染是大气污染的主要原因。为了保护环境，要严格控制燃煤污染物的排放，实现煤炭的高效、低污染燃烧。

   A 要减少煤炭污染
   B 煤炭比黄金更贵
   C 大气污染影响健康
   D 工业能源非常紧缺

69. 昨天清晨，江苏省大部分地区遭遇了入秋以来最浓的大雾，很多地区能见度不到 100 米。给交通带来了很大的影响。健康专家建议，面对这样的大雾，无论是健康的人还是有慢性疾病的人千万不要外出锻炼。

   A 有雾的天气最好别外出
   B 早晨去锻炼身体不太好
   C 健康专家建议要多运动
   D 昨天的浓雾影响了交通

70. 早上，我在阳台上看风景，发现对面女生宿舍里一位漂亮的女孩儿拿着一块布在向我挥手，我也向她挥手；然后她跑到另外一个窗口向我挥手，我也向她再挥手，直到那个女孩儿到了第三个窗口时，我才反应过来，原来她在擦玻璃。

   A 那个女孩儿很喜欢我
   B 我特别喜欢看风景
   C 我误会了那个女孩儿
   D 擦玻璃是很辛苦的

第 三 部 分

第71—90题：请选出正确答案。

71—73.

郑国有一个人，鞋子破了，于是准备去买一双新的。去集市之前，他在家先用一根小绳子量好了自己脚的大小，然后起身就出门了。集市上，各种各样的小商品摆得满满的，一片繁荣的景象。郑国人选中了一双自己觉得满意的鞋子，正准备拿出绳子来比一比新鞋的大小，忽然想起小绳子被放在家里忘记带了，于是他放下鞋子赶紧回家去拿。集市离他家有十多公里，他紧赶慢赶，但是等他回到了集市，太阳都快下山了，大多数店铺已经关门，他没有买到鞋子。

有人问他："为什么不用你的脚去试试鞋的大小呢？"他回答说："绳子量的大小才可靠，我的脚是不可靠的。我宁可相信绳子，也不相信自己的脚。"

71. 这个郑国人打算：
    A 去集市玩儿　　　　　　B 租一个柜台
    C 买双新鞋子　　　　　　D 买一根绳子

72. 郑国人回家是为了：
    A 取绳子　　　　　　　　B 拿钱包
    C 量尺寸　　　　　　　　D 送鞋子

73. 郑国人为什么不自己试穿鞋子？
    A 脚受伤了不能试穿　　　B 他怕把鞋子弄脏了
    C 老板不让他用脚试　　　D 他不相信脚的大小

74—77.

学生们问哲学老师如何才能坚持真理。老师拿着一个苹果，慢慢地从每个同学的座位旁边走过，一边走一边说："请同学们集中精力，注意闻空气中的气味。"然后，他问："有哪位同学闻到苹果的气味了？"只有一位学生举手站起来说："我闻到了！"

老师再次举着苹果从每一个学生的座位旁边走过，边走边强调："请同学们再仔细闻一闻。"然后，他又问："大家闻到苹果的气味了吗？"这次，绝大多数学生都举起了手。

不一会儿，老师第三次走到学生中间，让每位学生都闻一闻苹果。他再次提问："大家闻到苹果味儿了吗？"这次，除一位学生外，其他学生都举起了手。那位没举手的学生左右看了看，也慌张地举起了手。老师问："大家闻到了什么味儿？"学生们大声地回答："香味儿！"老师失望地说："非常遗憾，这是一个假苹果，什么味儿也没有。"

74. 学生们想知道：
   A 什么才是真理　　　　　B 怎样坚持真理
   C 如何寻找真理　　　　　D 真理有什么用

75. 老师拿着苹果想让学生：
   A 产生联想　　　　　　　B 看看颜色
   C 闻闻气味　　　　　　　D 给出价格

76. 第一次，有多少学生举手？
   A 一个　　　　　　　　　B 两个
   C 三个　　　　　　　　　D 全部

77. 老师为什么失望？
   A 学生上课的纪律不太好　B 学生说苹果的味道不好
   C 学生没坚持自己的判断　D 学生拒绝回答他的问题

78—82.

叔叔原来在一所不错的中学当数学老师，工作很勤恳，收入也比较高，但他不满足于那样的生活状态，总想自己做点儿什么。那个时候，股票刚刚进入老百姓的经济生活，先行一步，敢于吃螃蟹的人都赚了很多钱。于是，叔叔也辞了职，带着辛苦存下来的六万块钱开始炒股票。在经历了一番涨涨跌跌之后，他的六万块钱全都赔了进去。

钱没有了，大家都觉得他一无所有了，但他不这样认为，他知道自己在股票市场上学到了很多东西。一个偶然的机会，叔叔认识了一个有钱人，他向这个有钱人推荐了自己，说可以帮他炒股票。那个有钱人问他："你是一个股市上的失败者，把自己的钱全赔掉了，我凭什么相信你，乖乖把钱拿出来交给你管理？"叔叔说："我虽然不能教给你赚钱的方法，但凭我多年的失败经验，我可以准确地告诉你，什么事是不能做的，做了一定会有损失。"听了这些话，有钱人相信了他。

后来，在股市上，叔叔果然帮助这个有钱人避免了损失，赚了大钱。三年后，在总结自己的失败经验和有钱人的成功经验之后，叔叔又出来自己干，现在已经有了几千万的财产了。

很多人会因为失败而失去坚持下去的勇气，但有智慧的人会把失败看成是通往成功的通道。

78. 第1段中画线词语"吃螃蟹"的意思是：
   A 冒险　　　　　　　　B 上当
   C 处理　　　　　　　　D 对比

79. 叔叔的第一次投资：
   A 非常幸运　　　　　　B 遇到失败
   C 很有远见　　　　　　D 挣了些钱

80. 叔叔可以给有钱人提供：
    A 管理的经验　　　　　　　　B 赚钱的方法
    C 技术的支持　　　　　　　　D 失败的教训

81. 叔叔最后：
    A 不再炒股了　　　　　　　　B 失去财产了
    C 终于成功了　　　　　　　　D 又做老师了

82. 本文告诉我们：
    A 投资态度要谨慎　　　　　　B 炒股票赚钱很快
    C 失败是成功之母　　　　　　D 失败者都能成功

83—86.

李想，1981年出生。父亲是一名戏剧导演，母亲是搞美术的。上初中那年，李想在学校第一次接触到了电脑，从此便疯狂地迷上了电脑。高中一年级他就规划了自己的将来——电脑杂志编辑。高二时，他几乎给国内所有的电脑类杂志都写过电脑选购和使用经验方面的文章。

读高三时，李想办了一个名为"显卡之家"的网站，他每天早上4点起床，用6～7小时更新网站内容，其余时间应付学业。一开始他并没想赚钱，但随着网站访问量越来越大，很多商人主动找上门来让他在网站上做广告，结果高三一年，他赚到了10万元。

2000年春节前，19岁的他决定放弃考大学，开始创业。他说服父母接受了自己的选择，然后和另外一位朋友一起成立了泡泡网。2003年底，泡泡网的业务翻了3倍。如今，李想拥有150名员工，财产已经达到两亿。

李想认为自己的成功是可以复制的。他说："其实我只专心于一个领域，坚持做了10年，我觉得任何人如果能在一个领域一直坚持做10年，其实也都能做出一定的成绩来。"谈到未来，他认为对自己而言，第一要实现自己的价值，第二要对自己负责任，对身边的团队负责任。

83. 李想曾经打算做的工作是：
   A 导演   B 编辑
   C 戏剧家   D 美术家

84. 高三时，李想靠什么赚到了10万块钱？
   A 给电脑杂志写文章   B 给电脑公司卖产品
   C 帮很多商人做广告   D 成立了个电脑公司

85. 李想对未来的规划是：
   A 实现自己的价值   B 帮助有困难的人
   C 尽量多赚点儿钱   D 回到大学里读书

86. 关于李想，正确的是：
   A 拥有自己的软件公司   B 觉得自己很了不起
   C 没有得到父母的支持   D 只是个高中毕业生

87—90.

　　快乐与烦恼之间的距离有多远？这都在于你的选择和把握，取决于你到底想要什么。如果一个人常去注意生活中那些美好的事物，他就会因此而变得快乐起来。而当一个人总是去注意那些不快乐的事情，他的情绪会深受影响，久而久之，甚至会发展成一种病态的情绪。

　　有一对夫妻都是上班族，在学校教书，每天除了辛苦工作之外，还要做家务，但他们总是以苦为乐。有一天太太替丈夫准备论文资料，丈夫则忙着给太太做晚饭。太太说："亲爱的，你看，有个女秘书帮你多幸福啊。"丈夫说："你也有专用的男厨师啊。"

　　道理就这么简单。生活还是老样子，就看你怎么想了。从不同的角度、用不同的心态去看问题，我们的心理感受就会完全不同。有一位哲学家告诉我们，每天起床时提醒自己要面带笑容，保持愉快的心情，保证你天天都会感到快乐。

87. 如果一个人总是想不快乐的事情，那么：
    A 情绪会变得糟糕　　　　　B 家人会感到难过
    C 会得很严重的病　　　　　D 工作会受到影响

88. 关于那对夫妻，哪一项是正确的？
    A 丈夫喜欢做菜　　　　　　B 太太是个秘书
    C 他们经常吵架　　　　　　D 他们都很快乐

89. 哲学家有什么建议？
    A 每天都要吃早饭　　　　　B 把握好自己的未来
    C 起床后面带微笑　　　　　D 从别人的角度思考

90. 本文主要谈的是：
    A 人生应该怎么度过　　　　B 如何保持快乐的心情
    C 什么是病态的情绪　　　　D 夫妻间怎样促进感情

三、书 写

第 一 部 分

第 91—98 题：完成句子。

例如：发表　这篇论文　什么时候　是　的

　　　这篇论文是什么时候发表的？

91. 关怀　得到了　残疾人　政府的

92. 面临着　我们　一个　的　挑战　巨大

93. 她　了　被　卡车　撞伤

94. 笑话　活跃　可以　讲　气氛

95. 戒指　她　舍不得　这么贵的　买

96. 很　他的　天真　想法

97. 这个　巧妙　很　设计得　玩具

98. 请　抽屉　放到　收据　把　里面

第 二 部 分

第 99—100 题：写短文。

99. 请结合下列词语（要全部使用），写一篇 80 字左右的短文。

  除夕 热闹 祝福 饺子 传统

100. 请结合这张图片写一篇 80 字左右的短文。